心一堂彭措佛緣叢書・索達吉堪布仁波切譯著文集

金剛經釋

索達吉堪布仁波切　講解

Śūnyatā

書名：金剛經釋
系列：心一堂彭措佛緣叢書・索達吉堪布仁波切譯著文集
漢譯：索達吉堪布仁波切
責任編輯：陳劍聰

出版：心一堂有限公司
地址/門市：香港九龍尖沙咀東麼地道六十三號好時中心LG六十一室
電話號碼：+852-6715-0840　+852-3466-1112
網址：www.sunyata.cc　publish.sunyata.cc
電郵：sunyatabook@gmail.com
心一堂 彭措佛緣叢書論壇：　http://bbs.sunyata.cc
心一堂 彭措佛緣閣：　　　http://buddhism.sunyata.cc
網上書店：　　　　　　　 http://book.sunyata.cc

香港及海外發行：香港聯合書刊物流有限公司
地址：香港新界大埔汀麗路三十六號中華商務印刷大廈三樓
電話號碼：+852-2150-2100
傳真號碼：+852-2407-3062
電郵：info@suplogistics.com.hk

台灣發行：秀威資訊科技股份有限公司
地址：台灣台北市內湖區瑞光路七十六巷六十五號一樓
電話號碼：+886-2-2796-3638
傳真號碼：+886-2-2796-1377
網絡書店：www.bodbooks.com.tw
台灣讀者服務中心：國家書店
地址：台灣台北市中山區松江路二〇九號一樓
電話號碼：+886-2-2518-0207
傳真號碼：+886-2-2518-0778
網路網址：http://www.govbooks.com.tw/

中國大陸發行・零售：心一堂・彭措佛緣閣
深圳地址：中國深圳羅湖立新路六號東門博雅負一層零零八號
電話號碼：+86-755-8222-4934
北京流通處：中國北京東城區雍和宮大街四十號
心一店淘寶網：http://sunyatacc.taobao.com/

版次：二零一四年十月初版，平裝

定價：　港幣　　　　九十八元正
　　　　新台幣　　　三百八十元正

國際書號 ISBN 978-988-98431-9-9

目錄

金剛經釋

金剛經釋

姚秦三藏法師鳩摩羅什譯

索達吉堪布著釋

智悲雲聚中，降下善說雨，
成熟諸眾者，敬禮釋迦佛。

無上甚深微妙法，百千萬劫難遭遇，
我今見聞得受持，願解如來真實義。

有人終生念此經，未知其義真可惜，
有人常為他人說，自未嘗義真希有！
其多漢文注疏本，我皆閱盡未滿意，
故此發揮自智慧，撰著金剛經義疏。
蒙受文殊加持力，前人未解之深義，
或許此處已明示，具緣智者當細閱。

釋題：《金剛般若波羅蜜經》

經論命名的方式有以比喻命名、以弟子請法而取名、以時間取名等共計八種。取名之必要在《楞伽經》中云：「若不立名稱，世間皆迷蒙，故佛巧方便，諸法立異名。」為了便於分辨取捨，每部經論都有屬於自己的名稱。上根者，能依靠經論之名而知義，中根者可以依名解其大意，下根亦能依名查尋此書。

此經全名為《金剛般若波羅蜜經》，藏文又名《般若三百頌》。般若是梵語，通常譯經的時候有五種文不翻，此處般若有多種含義故不譯，本經以金剛比喻般若智慧，波羅蜜是到彼岸的意思，即依如金剛般堅固的般若智慧，能摧毀我法二執，永出三界，到達智慧彼岸獲得大安樂涅槃的果位。

《摧魔金剛儀軌》中講述金剛具有無堅不摧、不壞、不變等七種功德；另有內典中說，帝釋天王手中持金剛與阿修羅戰鬥，此金剛是由一位仙人的骨頭做成，能摧毀一切而不為他壞。同樣，般若空性猶如金剛，能摧壞一切世間顛倒邪見執著，這些邪執卻不能損壞般若智慧，真正有了般若正見，世間任何邪魔外道也不能動搖。此金剛般的智慧也叫金剛心，如《大智度論》卷四五云：「一切結使煩惱所不能動，譬如金剛山，不為風所傾搖，諸惡眾生魔人來，不隨意行，不信受其語，嗔罵謗毀，打擊閉繫，斫刺割截，心不變異……諸蟲來齧，無所虧損，是名金剛心。」

《金剛般若波羅蜜經》釋

譯者：姚秦三藏法師鳩摩羅什。

姚秦是中國古代南北朝時期，北朝十六國之一，國主姓姚，歷史上稱為姚秦，亦稱後秦。三藏法師是指精通經律論三藏十二部佛法並能弘揚者。鳩摩羅什，譯成漢文曰童壽，指大師幼時即有長者之德。大師出生於古龜茲國（新疆），7歲出家，日誦千偈，12歲即精通小乘教義，聲名遠播。後來又廣學大乘，通諸玄義，有羅漢為大師授記：若35歲之前不破戒，當大興佛法度無數人。已得三果的母親也告訴他：大乘之法，將以你的力量廣弘於震旦（中國），但於你自身無利。大師回答：只要使大法流傳，眾生覺悟，雖自身無益，苦而無恨。

大師每次至西域諸國說法，諸王都長跪在座側，請師登踏上座說法。前秦符堅為得到大師數次興兵，卻未成功；呂光得大師後，因他不信佛法，對於大師種種虐待，師皆忍受。後來姚秦國君迎請大師至長安，集八百高僧於逍遙園（今西安戶縣草堂寺）輔佐其譯經論九十八部，三百九十餘卷。國君姚興害怕法嗣無繼，賜宮女，師不得已而領受之後，另行別住，每次講經前都說：「譬如臭泥中生蓮華，但採蓮華，勿取臭泥也。」有弟子想效仿大師與女人共處，大師即取針一把吞下說：「你們能不能吞下這些針，如果不能像我這樣，怎麼敢學我的行為呢？」大師臨終時發願說：「如果我所翻譯的經典沒有錯誤，願我火化後舌頭燒不壞，如果有錯誤，舌頭就

燒化。」當他圓寂荼毗後，唯有舌頭沒有燒化，大師的舌舍利塔至今尚存。唐道宣律師曾經問天人：「為什麼現在人都喜歡讀鳩摩羅什法師翻譯的經典？」天人說：「鳩摩羅什曾任過去七佛的譯師，他所翻譯的經典，深得佛心，所以人們都喜歡讀誦他所翻譯的經典。」

本經尚有多種譯本，北魏菩提流支、陳朝真諦、隋達磨笈多、唐玄奘及唐義淨等法師都曾譯過此經，總計六種。而古今流傳最廣的當首推鳩摩羅什大師的譯本。譯經的差別不外乎二因，一為所依梵文版本不同，二為義譯與句譯的不同。此經以大師真實語的加持，無幽不顯，無微不彰，文辭簡潔流暢，歷代持誦者多有效驗。

藏文譯本前有「頂禮一切佛菩薩」的譯禮句，這是藏傳佛教譯經的傳統。金剛手菩薩化身的藏王赤熱巴巾曾規定：翻譯三藏前都應加頂禮句，經藏以十方諸佛菩薩為對境做禮，律藏以釋迦牟尼佛為譯禮的對境，而論藏則以三世諸佛智慧的總集文殊菩薩為對境。翻譯前作譯禮主要是為了遣除譯經中的一切違緣，增上一切順緣，亦為了遵循王規，明確屬何部所攝。由此經的譯禮可知，《金剛經》歸屬大藏經的經部。

此譯本中的三十二分品，如「法會因由分第一」等，佛經中原來並不存在，是梁昭明太子後來所加。藏文譯本中沒有分品，其他的幾個漢譯本也沒有。而世親論師的講義有分品，江味農居士的講義則分為

《金剛般若波羅蜜經》釋

一百八十四品。對此有人認為：佛經裡不能隨便妄加分別念，昭明太子因在經上加分品，故一直在受苦報。但此事難予定奪，法王如意寶曾說：「因果方面的問題很難以分析。」因此我想，雖然原則上佛經中不能加分別念，但在佛經裡加一些凡夫人的分別語言會不會有一些果報，難以確定。另外，如果分品、略釋、科判等的語言不能加，那我們現在解釋佛經時也會有些困難。因此，如果不是故意對佛經作誹謗，在解釋佛經時，加一些語言或科判，對理解原經文也有很大的幫助，這樣做可能不會有很大的過失。

如是我聞：一時佛在舍衛國祇樹給孤獨園，與大比丘眾千二百五十人俱。

此是我親眼所見、親耳聽聞的：當時，佛在祇樹給孤獨園，與上座大比丘一千二百五十人及大菩薩眾共聚一處。

此句是講佛經的緣起，即表明佛說法的時間、地點及說法的因緣等。「如是我聞」是後來經典的結集者所加，釋迦牟尼佛在《涅槃經》中開許阿難等弟子結集三藏，結集時可以於卷首加「如是我聞」，表明以下的經文由結集者親聞，中間加問答者等聯結語，末後加「天、龍、人非人等歡喜信受」此類語句。所謂佛經，有佛陀親口宣說的，有佛開許後成為經文的，亦有佛陀加持而成的佛經。佛滅度後過十二年作了第一次佛經

的結集，第二次結集是佛滅後八十年，第三次結集在一百八十年後，亦有說三百年後。關於三藏結集時間有很多說法，無論歷史年代如何，經過這三次結集，三藏全部由文字表示出來並流傳至今。從第一次結集來看，分別由多聞第一阿難尊者誦出經藏，持律第一優波離尊者誦出律藏，又由頭陀第一大迦葉尊者誦出論藏。此處「如是我聞」顯然是阿難尊者所加，而以此表明本經是由佛開許而成的經文。

佛教史上，對於佛的說法時間有許多爭議。有說佛陀說法四十九年，也有說佛陀說法四十五年，眾說紛紜。經中說「一時」，一方面是因佛陀何年何月說此經無明確記載，故說「一時」而未標明具體年月；另一方面，佛在過去、現在、未來三時當中為不同眾生宣說八萬四千法門，現不可思議大神通力，故說「一時」。道宣律師曾問獻供的天人：「佛滅度後去往了何處？」天人答：「尊者問哪一尊釋迦佛呢？佛正在為人說法，您是問法華會上的，還是涅槃會上的，還是華嚴會上的，無量世界有無量釋迦佛三時說法，尊者問哪一尊呢？」由此可知，此「一時」非彼一時，法無定法，佛的境界非凡夫可以分別揣度。

此經的緣起依五圓滿方式宣講，即本師圓滿為三界教主人天導師釋迦牟尼佛；境圓滿為佛法中土印度舍衛城祇樹給孤獨園；眷屬圓滿為大比丘一千二百五十人及

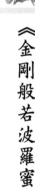

《金剛般若波羅蜜經》釋

大菩薩眾。藏文譯本與義淨譯文皆有「大菩薩眾」。後代有說此經是為小乘比丘所說，實屬謬誤，此經不僅宣說小乘聖義亦具足大乘莊嚴之意；時間圓滿為佛托缽乞食之後；法圓滿為本經所述般若藏甚深法義。

印度六大城市之一的舍衛城，是釋迦牟尼佛宣說第二轉般若無相法輪之地，著名的祇樹給孤獨園就坐落於此。這兒也是佛陀顯示種種神通變化降伏外道六大本師的勝地，為了紀念這段歷史，現在每年神變月（藏曆元月）， 雪域明珠拉薩都會舉行隆重的祈願法會，色達喇榮五明佛學院也在一至十五日中舉行十萬持明大法會。

關於祇陀園的由來有一段典故：當時給孤獨長者看中了祇園幽靜雅致的環境，就想買來供養佛及比丘們。

祇園主人祇陀太子戲謔要求說：「聽說您的錢很多，如果您能以黃金鋪地，隨鋪多少就賣多少給您。」給孤獨長者前世為羅西多施主，曾供養過去六佛，所以今生有很殊勝的福報，他可以看見地下的寶藏並且能加持土石變成黃金。給孤獨長者依其福報，用黃金鋪地，太子為他的精神所感動，還剩一塊時，對他說：「既然您買地供佛，剩下的地不用鋪了，讓我也供養佛吧。」給孤獨長者後來迎請天人在這塊地上建了一座經堂，故此園名為祇樹給孤獨園。

1990 年，我隨上師如意寶去印度朝聖，黃昏時抵達給孤獨園。時過境遷，當時那裡沒有寺院也沒有城市，

只是一片空曠，供養釋迦牟尼佛的殿堂也不復存在，整個祇園在夕陽下顯得蒼茫而凝重。

　　爾時，世尊食時，著衣持缽，入舍衛大城乞食。

　　當時接近中午用餐時間，佛陀整理法衣，儀容齊整後，莊嚴安詳地持著缽盂，緩步入於舍衛城乞食。

　　上午，世尊與諸眷屬外出化緣，佛陀先整理了自己的衣服。衣，亦名福田衣，是出家人的法衣袈裟。作為修行人，衣著應該齊整，只要不是為了打扮，威儀具足不僅不會讓他人生邪見，而且可以引發世人的恭敬心與信心，使他們種下善根。佛陀如是注重威儀，後學的佛弟子也應該仿而效之。

　　佛托缽是否如凡夫一般因飢餓而乞食？並非如此。因釋迦牟尼佛已圓滿自他二利，成就正等覺的果位，當佛安住虛空藏等持時，世間所有的財富可以圓滿獲得，而且佛可以運用不可思議的禪定力，使一物變多等等，因此，佛不會因飢餓而食，也不會有不好食。比如在一次飢饉中，佛陀擔心阿難尊者生在王族不能忍受飢餓，一天，佛給了阿難一粒青稞。阿難吃後，七天不覺得飢餓，也不用吃飯，阿難感覺很希有並對世尊生起極大信心。不僅是佛的飲食，佛的身體也與凡夫不同，如《大涅槃經》云：「如來此身是變化身，非雜食身。」《佛說如來不思議秘密大乘經》中也說：「如來身者，非生熟藏之所成養，亦非涕洟雜惡不淨所成。如來身者，

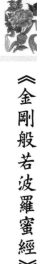

《金剛般若波羅蜜經》釋

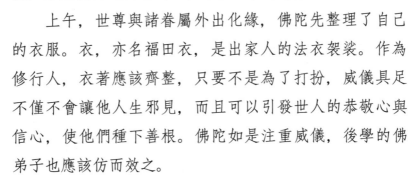

如閻浮檀金。」既然佛陀不需要飲食，為什麼還要顯現化緣乞食？大慈大悲的佛陀是為了與眾生結緣，令其積累資糧，以及給眾生宣說佛法為目的而行乞食的。如《法華經》云：「諸佛世尊唯以一大事因緣故，出現於世。」欲令眾生開、示、悟、入佛之知見故出現於世，以此因緣，佛在眾生面前顯現這些平凡的形象。

於其城中，次第乞已，還至本處，飯食訖，收衣缽，洗足已，敷座而坐。

佛在舍衛城中挨家次第乞食後，回到祇樹給孤獨園，用完齋飯，收拾衣缽，然後洗足，鋪座跏趺而坐，安住於正念中。

佛制出家眾以乞食清淨自活，乞食應該「不越貧從富，不捨賤從貴」，此即佛所顯現的次第乞食。乞食具足持戒、修福、降伏我慢、具足慚愧等功德。現代南傳比丘還保持乞食的傳統，早晨比丘們著衣持缽外出化緣，求福的施主們更是提早準備豐盛的食物等著供養，通常比丘會把滿缽的食物帶回寺院食用，中午就不再外出化緣。午食後，佛自己收衣、洗缽、洗足，然後鋪好坐墊端坐，住於正念之中。玄奘大師此處譯文為「端身正願住對面念」，義淨三藏譯為「正念而住」，每次佛陀講法前都安住於正念之中。修行人於日常生活中身體端直很重要，斜著靠著等不良姿勢會使氣脈不通暢，健康和記憶力都會受影響。藏傳佛教特別重視身體端正，

強調看書、聽法時都應端身正念而住。

時，長老須菩提在大眾中，即從座起，偏袒右肩，右膝著地，合掌恭敬而白佛言：

爾時，須菩提長老於大眾之中，從自座起立，以左肩搭袈裟，右肩袒露，右膝著地的方式，合掌恭敬欲請求世尊說法。

大比丘中為首的僧人或受具足戒後如法安居受歲達二十臘以上者稱為長老。在《般若經》中，須菩提長老的名字常常出現，長老須菩提是金剛般若法會中最主要的一個人物——請法者。釋迦佛為弟子傳授大乘般若法門後，第一個開許須菩提傳授，可見他是精通佛陀般若密意的大聖者。以前的一些論典中認為，須菩提形象上是小乘聲聞，但實際他是文殊菩薩千百萬化身的一位。

此處玄奘譯文前有：「時諸比丘來詣佛所，到已頂禮世尊雙足，右繞三匝，退坐一面。具壽善現亦於如是眾會中坐。」義淨譯為：「時諸比丘來詣佛所，頂禮雙足，右繞三匝，退坐一面。」即當時大比丘及大菩薩們在佛前五體投地三門恭敬頂禮後，右繞佛陀三匝，退坐一面。藏傳佛教中，人們無論轉繞神山、佛塔或轉經輪都必須右繞。右繞有修建的功德，左繞有毀壞的過失，只有苯波教徒才會左繞。而一些佛教興盛地方的佛教徒左繞佛塔，這是很令人心痛的現象。經藏中有《右繞佛塔經》，專門講述右繞佛塔的功德，作為佛教徒，基本

10

的因果取捨道理一定要懂，不然，毀壞了自己的善根非常可惜。按印度風俗，請法時「偏袒右肩」或「偏袒一肩」是最尊重的禮節。故出家人應以左肩搭袈裟，袒露右肩，左腳掌亦著地，合掌一心的方式恭敬請法。

「希有，世尊！如來善護念諸菩薩，善付囑諸菩薩。」

須菩提首先讚歎佛的功德：「真是很希有，世尊！如來您以最殊勝的護念，護念著大菩薩們；如來正等覺以最殊勝的咐囑，善為咐囑諸大菩薩們。」

世間有很多大教主，但他們並沒有使眾生得到真實的利益，而釋迦牟尼佛真實饒益了一切眾生，所以此時須菩提由衷讚歎，並感到希有。如來是佛的十種名號之一，以佛的十種不同功德稱佛為如來、應供、正遍知、明行足、善逝、世間解、無上士調御丈夫、天人師、佛、世尊。《隨念三寶經》中對於每種名號的功德都有宣說。此處「菩薩」與《入菩薩行》中的菩薩一致，是指發了菩提心的人。有些論典中說，菩薩是指一地到七地之間的登地聖者，八地以上的菩薩稱為「大菩薩」。玄奘大師譯為「菩薩摩訶薩」。「摩訶」是大的意思，本來大菩薩是指八地以上的菩薩，但在這裡，因為觀待凡夫而言，發菩提心的人很偉大，以偉大的緣故可稱為「菩薩摩訶薩」。

義淨三藏譯此句為「如來應正等覺，能以最勝利

益，益諸菩薩」，玄奘大師譯為「乃至如來應正等覺，能以最勝攝受，攝受諸菩薩摩訶薩」，鳩摩羅什大師譯為「如來善護念諸菩薩」。義淨法師的譯文與藏文比較相合，但幾種譯本實際意義都是一樣。

所謂最殊勝的護念，是指現世當中獲得快樂，來世也得安樂。父母或師長以財產名聲等來護念我們，但這些都不是最殊勝的護念。佛陀為菩薩們生生世世得安樂，永離痛苦輪迴而護念，這才是最殊勝的。結合三大譯師的意思：佛以最殊勝的方法令眾生今生來世離苦得樂，這就是佛陀以最勝護念護念諸菩薩，以最勝攝受攝受諸菩薩，以最勝利益利益諸菩薩。

所謂最殊勝的咐囑又指什麼呢？印度嘎瑪拉希拉（蓮花戒）論師說：如來有三種咐囑，咐囑諸菩薩。一、善知識咐囑，佛告誡眾生：凡是想今生來世解脫之人，都必須一心一意依止善知識；二、正法咐囑，如果真正想要離苦得樂，就要依正法修持；三、教言咐囑，凡欲獲解脫者必須依止殊勝教言，饒益無邊有情，修持菩提心。嘎瑪拉希拉認為，佛就是以這三種咐囑方式來利益眾生的。

佛在世護念利益了當時的菩薩們，那麼未來世的人該如何呢？下面須菩提提出了這個問題。

「世尊！善男子、善女人，發阿耨多羅三藐三菩提心。應云何住？云何降伏其心？」

《金剛般若波羅蜜經》釋

須菩提問：「世尊！世間成千上萬發菩提心的善男子、善女人，他們趣入大乘道時該如何住？如何修行降伏自心獲得佛果呢？」

「阿耨多羅」譯為漢文是無上的意思；「三藐」是甚深圓滿，即正等；「三」是正確；「菩提」是覺悟的意思，合起來即無上甚深圓滿正等正覺。而發阿耨多羅三藐三菩提心，就是發菩提心。

對於須菩提所提的問題以基道果的方式來分析：基是如何發菩提心，而發心即是怎樣住；道是如何修，即六度萬行怎樣修持；果是如何調伏自心而獲得圓滿的佛果。義淨和玄奘兩位三藏的譯文中都有「云何修持」，藏文中也有這一句。而羅什大師的譯文沒有，也許是所依的梵文本缺少或是翻譯時漏掉的緣故。

看到說法機緣成熟，對於須菩提的問題，佛很高興回答。

佛言：「善哉！善哉！須菩提！如汝所說，如來善護念諸菩薩，善付囑諸菩薩，汝今諦聽，當為汝說。善男子、善女人，發阿耨多羅三藐三菩提心，應如是住，如是降伏其心。」

「唯然，世尊，願樂欲聞。」

佛誇獎須菩提：「說得好，說得好啊！須菩提，是像你所說的一樣，如來能以最殊勝的護念方法，護念諸菩薩，如來能以最殊勝的咐囑，咐囑諸大菩薩。須菩

提，你現在要仔細聽，用心憶持，對你提的問題，我要為你一一解說。發大乘菩提心的善男子、善女人，應這樣發心後修行，降伏自心而得到佛果。」須菩提說：「既然世尊這樣說，我是很樂意聽聞的。」

淺學寡聞之人也許會認為佛說「善哉！善哉！」重複過多，但實際上並無此過。重複的目的在於表明對須菩提所說的話，佛陀完全贊同，而且重疊語氣詞形象真實地表現了當時的情景，給人以身臨其境之感。玄奘大師和義淨三藏的譯文皆有「汝應諦聽，極善作意」。「極善作意」意為謹慎憶持、小心不忘失，《大圓滿前行》與《極樂願文大疏》在聞法規律中講的「意不持如漏器之過」就是指這一點。許多高僧大德講經說法時經常引用此文，法王如意寶傳法時也常講：你們應該諦聽，不要說話，不然我也沒辦法給你們傳授佛法，釋迦牟尼佛當時也要求弟子「汝應諦聽」，你們心不專注聽聞是不行的。佛經中云：「我為汝說解脫法，當知解脫隨自轉。」此經主要宣說斷除實執獲得調伏自心的境界，嘎瑪拉希拉論師將整部經的內容綜合在三個問題中，即最初發心，中間修持，最後調伏自心，獲得色身法身無二的果位。

首先需要明白如何發菩提心。

佛告須菩提：「諸菩薩摩訶薩，應如是降伏其心，所有一切眾生之類——若卵生、若胎生、若濕生、若化

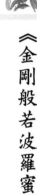

《金剛般若波羅蜜經》釋

14

生，若有色、若無色，若有想、若無想，若非有想非無想，我皆令入無餘涅槃而滅度之。如是滅度無量無數無邊眾生，實無眾生得滅度者。」

世尊告訴須菩提：「凡是趣入大乘發菩提心的人，應該這樣發心修持降伏自心：所有一切有情類所攝，包括從卵而生，從母胎而生，以及濕生、化生的眾生；或者有色、無色界所攝的眾生；乃至有想天，無想天，非非想天的眾生；三界輪迴的一切有情我皆度化，使他們離開輪迴的痛苦，獲得最殊勝究竟圓滿的涅槃。雖然這樣度化無量無數無邊的眾生，但在實相中無有任何眾生滅度。」

發心分世俗菩提心和勝義菩提心，世俗菩提心又可以分為願菩提心和行菩提心。發心令無邊無際的眾生獲得無上佛果，以世俗而言是菩薩最大的責任。對於大乘學者來講，如果沒有發心做基礎，那麼一切善根不能增上。因此，入大乘者首先要發願菩提心，願所有有情都得到一切智智的果位。

卵生是從卵當中出生的有情，包括許多飛禽及龍王和龍界的眾生，人當中也有卵生的，如一位名薩嘎拉的居士，他的孩子全部都是卵生。另外，民間傳說格薩爾王也是卵生。一天下大雪，當時身為僕女的母親，因為生孩子沒有去主人家幹活，她的主人非常生氣，拿著刀子來到她家。看到格薩爾王的母親還睡著，他拉開被

蓋，見裡面有一個如大雞蛋的東西，舉起刀就砍。卵蛋破開，一個孩子飛到了天上；格薩爾王的膝蓋被刀子稍微接觸了一點，所以他不能飛，落在了帳蓬上；另一個仙巴被扔到河裡，這是格薩爾王三兄弟的傳說。《佛教科學論》講克隆綿羊的時候，也提到人有各種產生的方式。

大多數旁生是胎生，《俱舍》中說餓鬼也大多是胎生。濕生是眾生類中比較多的一種，夏天的蟲類多數是濕生，人當中也有濕生，如阿那律的腳上所生的七個孩子都是濕生。初劫的時候人和天人都是化生，非天與地獄的眾生也是化生，初劫外也有些化生的人，例如蓮花生大士，也有說聖天論師是化生。

有色指欲界和色界的眾生。按照俱舍所說，欲界和色界眾生都有色相，依靠五種欲妙有實質的身體，執著較大的是欲界眾生，色界眾生沒有欲界眾生粗大的執著，但還是有色界較細的執著。色界眾生不同於欲界眾生有實質性的身體，但是有光身。無色界的眾生，雖沒有接觸性的色相，但有一個意識的色相，這種意識的色相非常微細的緣故稱為無色界。

四禪天中的廣果天稱為有想天，此處眾生沒有欲界和色界那樣粗大的分別念，但仍有色與分別念，因此叫有想天。無想天指廣果天旁邊的一部分天人，《俱舍》中形容廣果天像城市，無想天就像城市旁邊的寺院。無

想天的天人最初的時候有一種分別念，最後死亡的時候也有一個分別念，除此以外中間幾大劫的時間不生任何分別念。「非有想非無想」是四無色界中最高的天界，也稱非想非非想天或有頂天，雖然這裡沒有欲界和色界粗大分別念，但它還屬於三界輪迴，還有非常細微的一種意識形態的分別念。按《俱舍》所說，非想非非想天並非沒有真實的分別念，他們會有極微細貪執禪定的分別念。

以上九種不同的眾生，可以包括所有類型的眾生。大乘菩薩應該願以上所述的所有眾生都獲得無餘勝妙寂滅之果，身體和分別念全部融入正等覺的涅槃境界。

雖然已經滅度如是三界四生所攝的一切有情，但在究竟勝義諦中，卻猶如虛空，即所滅度者和能滅度者都不存在。《現觀莊嚴論》中云：「發心為利他，求正等菩提。」「智不住諸有，悲不滯涅槃。」即發世俗菩提心，以大悲心不離世間；發勝義菩提心，以般若智慧不住世間。勝義菩提心什麼時候在自相續生起，什麼時候才可以算作真正的菩薩，如《入中論》云：「從此由得彼心故，唯以菩薩名稱說。」按世俗諦，須菩提的問題可以如是回答：發世俗菩提心為住，度化天邊無際的一切眾生為修持，依靠發菩提心隨時隨地來調伏自心。按勝義諦回答：在勝義當中沒有眾生可度化為住；修的時候，安住這樣的境界；最後分別念融入法界，真正現前

勝義菩提心的本來面目乃是調伏自心。總之，世俗中可以度化無邊的眾生，勝義中一切眾生又無有可度。

「何以故？須菩提！若菩薩有我相、人相、眾生相、壽者相，即非菩薩。」

佛自問自答：「為什麼？如果大菩薩對眾生有任何執著，不論我相、人相、眾生相、壽者相，他就不是真正的菩薩。」

世俗中必須要度化無邊無際的眾生，勝義中則不應有眾生相。想度化有情，度某某眾生，在勝義角度而言也是很大的錯誤，認為有情實有並非菩薩發心，而是一般凡夫人的執著，是凡夫不究竟的分別念。凡夫有粗重的執著，菩薩的執著很少，佛無有任何執著。為什麼菩薩不能存有情想？真正勝義中有情的相無法尋找亦找不到，《寶鬘論》中抉擇人無我時解釋的很清楚：所謂的士夫不是地水火風，地水火風以外也沒有士夫，六境以外的眾生始終不可得。《入行論》中云：「非身非異身，非合亦非離，無少實性故，有情性涅槃。」補特伽羅我既不是身，也不是身外的法，不是與身混合，也非離身而有，無有少許實在的緣故，有情的自性就是涅槃，因此不應作有情相，不應有壽命相。

此處玄奘大師譯為「不應說言有情想轉，如是命者想，士夫想……受者想轉，當知亦爾」。羅什大師譯為「相」，相與分別念（想）有關係，想是五蘊當中的想，

想和相並沒有大的差別，因為所謂我、人、眾生、壽者相都是以分別念之想所生。這裡鳩摩羅什大師的翻譯很清晰，更符合藏文譯本，藏文中無「我相」，無其餘三相，意義都很清楚。把五蘊的假合執著為我是我相；依同一相續生存的補特伽羅，依有漏的身蘊住於有漏世間是人相；以業和煩惱轉生三界輪迴是眾生相；同一時間中，異熟果相同，可以保持相續的壽命為壽者相。希求長壽或怕死也是一種粗大的執著，實相中壽命相是不存在之故，亦不應有壽者相。實有執著是解脫中最大的障礙，如果有四相實執則不可能獲得真實的佛果，因此宗喀巴大師也在中觀論著當中著重強調斷除實執。

真正趣入大乘的行者以勝義諦觀察時，發心的菩薩不存在，所發的心也如陽焰一般不存在，能度化的眾生也是無實有的。大圓滿最高境界也是如此，無垢光尊者的《心性休息》前八品講人生難得至發菩提心，九品後從共同乘引導進入密乘，密乘中的一些甚深境界，也是顯而無執如幻如夢。菩薩離一切執著相，才能真正稱作菩薩。

「復次，須菩提！菩薩於法，應無所住，行於布施。所謂不住色布施，不住聲、香、味、觸、法布施。」

佛又說：「須菩提，菩薩於一切法都應該無執，然後修布施度。即不應執著色法布施，亦不應執著聲音、

香味、味道、所觸、法相而行布施。」

作為菩薩，無論他的見修行果，皆不應有所住，不應有任何執著，內心不能繫於任何一個實有法上。以六波羅蜜的布施為例，菩薩修持布施波羅蜜，安住法界本性修實相布施時，對外境五欲六塵不起任何執著，於所施物的顏色、形狀、大小皆不分別。凡夫人對物質有深重的實執，但在修布施度時，應以理智觀察抉擇：所謂的色法不過是因緣聚合的假立顯現法，安住諸法本來大空性中，無任何色相存在。因此，行持布施度時，對於眼看到的色法不起執著；對耳朵所聽到的聲響也不應執為實有，例如先聽到乞丐求乞之聲，心中作意：他要錢， 我給不給他一點兒⋯⋯ 如是種種由根識所生種種分別，以理觀察也不存在。鼻識所取外境不論好壞皆稱為香，對於妙香或臭味的分別皆不應有；舌頭所嘗到的味道，好不好亦不分別；對於身體接觸所生的種種凹與凸、輕與重、光滑與粗糙等分別亦不存在；布施有無功德、功德大小、回報等法執，實相中也無有存在。

總而言之，凡是所行之布施，不應有色、聲、香、味、觸、法六境方面的任何執著，若有實執則非實相布施。藏地安居時常念誦的《彌勒菩薩願文》中云：「不住一切法，無吝而行施。」《入中論》亦云：「施者受者施物空，施名出世波羅蜜。」施者是空，受者也是空， 所布施的財物也是無生大空性，安住於此即是三輪

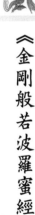

體空的布施，真正稱為出世間的波羅蜜多。依須菩提所問如何住、如何修、如何調伏而答：應安住三輪體空之中依六度萬行而修，最後自己的心應如是調伏。此僅從布施一度而言，實際上持戒、忍辱、精進、禪定、智慧各度皆應如是行持。

「須菩提！菩薩應如是布施，不住於相。何以故？若菩薩不住相布施其福德不可思量。」

世尊告訴須菩提：「菩薩應該不執於相布施，為什麼？如果菩薩不執著相狀修行布施度，其布施所得到的福德不可思量。」

一個大菩薩所能做的最究竟布施為何？應該是不住於任何相的三輪體空布施。傳承上師的許多教言亦如是說：菩薩不作任何執著而修持布施，其福德不可思議。雖然凡夫人難以做到三輪體空，但可以觀想安住憶念。假設有乞丐來乞食，自己要行布施，而無法觀想、安住三輪體空的境界時，應該憶念：以前的高僧大德傳承上師們以三輪體空方式布施，我現在也用這樣的方式布施。如是布施亦可獲得同等的功德。

不住任何一相，其意義何在？若菩薩作無相布施功德不可思量，依靠三輪體空方式布施積累資糧獲得一切智智果位也並非難事，經云：「若能行布施，菩提得不難。」一般世間人布施乞丐尚不求報，況學佛求解脫的人呢？

「須菩提，於意云何？東方虛空可思量不？」

「不也，世尊！」

「須菩提！南、西、北方，四維、上、下虛空，可思量不？」

「不也，世尊！」

「須菩提！菩薩無住相布施，福德亦復如是，不可思量，須菩提！菩薩但應如所教住。」

「須菩提，你認為如何？東方的虛空能否以分別心思維其邊際嗎？」「無法思量，世尊。」「那麼，須菩提，南、西、北方，東南、西南、東北、西北的虛空以及上下虛空，如是十方虛空，可以思量嗎？」須菩提回答：「無法思量，世尊。」佛對須菩提說：「菩薩不住一切相布施，所得福德也像虛空一樣無法思維想像，須菩提，菩薩應以三輪體空方式，如上所說而行持。」

菩薩無有實執三輪體空的布施即無相布施。如是布施功德猶如虛空無有邊際，不可分辯思量。若真實了知一切法的本來面目，無論布施、持戒皆如虛空。在真實義中，布施者、所施物與受施者皆是本空離戲的大空性，中觀應成派的義趣就在於此；在後得位中，布施等如夢中顯現，在顯現中如幻地修六度萬行。這裡以比喻說明布施無有實體與功德無量的理由，我們若詳細觀察虛空的體性則一無所得，同時也了知其名言邊際無法衡量；同樣，若能行持無緣布施，則其雖自性無得，而於

世俗中的功德又不可思量。

按《寶鬘論》的觀點：布施是福德資糧，觀空性是智慧資糧。佛的智慧身分色身與法身，通過修積福德資糧生起如來的二種色身——報身與化身；以智慧資糧生起如來的法身。因此，布施的福德將得到具有三十二相，八十隨好的莊嚴法相。

那麼在勝義中，由布施所生起的相好色身是否存在呢？佛提出此問。

「須菩提！於意云何？可以身相見如來不？」

「不也，世尊！不可以身相得見如來，何以故？如來所說身相，即非身相。」

佛告須菩提：「凡所有相，皆是虛妄，若見諸相非相，則見如來。」

佛問：「須菩提，依你的想法，能否以具足相好佛身而見到真正的如來？」須菩提回答：「不可以，世尊！不能以見相好佛身而認為見到了如來正等覺的本來面目，為什麼？如來所說三十二相之身，並非真實存在的身相。」佛告訴須菩提：「凡所有相，都是虛妄分別所生，若能現見諸相非實，則能現見如來之面目。」

凡夫人可以見到的各種相狀，無論好或不好、善業或惡業等的分別，全部於世俗中假立存在，是不可靠、非實有、虛妄的迷亂幻顯。佛經中云：「彼等由分別所立。」世俗的顯現法皆是虛妄不實的本性，乃至如來

三十二相以及最殊勝的涅槃也都了無實體而不可見，唯是眾生以分別念安立，如《四百論》云：「妄立諸法義，是想蘊應知。」

如果見到諸法有成實的相狀則不是法界本性。如云「見真者誰說，瓶為可現見。」法界本性本來無實有相狀存在，若言勝義中依然有實有不空的法，此人並未現見法性，未見如來。若見萬事萬物無實非相，一切所聞皆非實有，就是見到真正的如來。而如果不能如是見，則不能得解脫，如龍樹菩薩云：「何人不知空性義，彼人不可得解脫。」

須菩提白佛言：「世尊！頗有眾生，得聞如是言說章句，生實信不？」

當時須菩提如此發問：「世尊，將來為數眾多的眾生聽到如此甚深般若波羅蜜多的金剛語，能不能生起真實信心？他們對空性法門，離一切戲論之法性會不會生起堅定不移的信心？」

須菩提在佛陀面前提此問題，是因為般若空性極為殊勝，且甚深難解，他擔心對於這一佛法精華，福報淺薄的人難以接受並生起信心。我們知道，佛陀住世時眾生福報深厚，可親自得聞世尊說法而生信心；而後世眾生福報漸減，根基日鈍，他們得聞此法能否生起信心呢？須菩提對此提出質疑。

佛告須菩提：「莫作是說！如來滅後，後五百歲，

有持戒修福者，於此章句能生信心，以此為實。」

對於須菩提的懷疑，世尊回答說：「你不要這麼說！也不該有此懷疑！如來滅度後，末法五百年時，將有很多持清淨戒律，修積福德資糧的三藏法師等人，對於此經必定會生起信心，以此經義為真實所依。」

「後五百歲」有幾種講法：通常所謂的後五百歲即指現在五濁興盛時代。它並不僅僅是一種數字，而是像五濁興盛一樣，是整體上的一種時間概念。釋迦牟尼佛住世弘揚佛法時是正法興盛時期，稱果法期；而除此正法期以外，後來五濁興盛的時代都可稱為末法。按這種說法，目前已是末法時期後五百歲。

另一種說法將釋迦牟尼佛二千五百年教期分為五個五百年，各段時期的特點，可分別表示為解脫堅固、禪定堅固、多聞堅固、塔寺堅固、鬥爭堅固。而後五百歲即是指鬥爭堅固的第五個五百年。按這種算法，現在應是後五百歲之後，因為佛曆已是二千五百四十五年，教期已經結束。

第三種說法：印度論師嘎瑪拉希拉和藏傳佛教各派都承認釋迦牟尼佛的教法期為五千年，而以華智仁波切、麥彭仁波切為代表的寧瑪普巴派的曆算，現在已是佛曆二千九百多年。因此，五千年教法期已過了二千九百多年，還剩餘二千多年。在藏地，日曆計算以時輪金剛曆算法為準。寧瑪普巴派把釋迦牟尼佛出世到

現在過了二千九百多年的原因，以教證理證詳細分析可以成立，但簡單地講：當時釋迦牟尼佛出世時，啟明星如何升起，然後第二天出現日食，以此根據推算出佛的教期從始至今已過二千九百多年。普巴派的天文曆算非常準確，現在每次日食、月食，算得一分鐘都不差。依此計算，後五百歲尚未到來。而以薩迦派的曆算，佛曆已經有三千多年了，宗喀巴大師所創的給拉華宗也有不同的算法。

　　第四種說法認為釋迦牟尼佛的教期年代僅僅指印度的本土佛教，並非指其他民族地方的佛教。因此，所謂後五百歲，在其他邊地也談不上。

　　總的來講，可以認定後五百歲為末法時期，即現在五濁興盛時代。

　　佛陀以智慧授記末法時代將有為數眾多的持藏者以及持清淨戒律、修積福德、具有智慧者出現於世間，如是之人對此經的意義必定會生起堅固信心。在佛的盡所有智境界中完全能夠照見此等具福智者，並會加以護念、授記。此處後者所應具之德，玄奘大師譯為：「具足尸羅，具德、具慧。」義淨譯為：「具戒具德具慧。」與鳩摩羅什大師所譯「有持戒修福者」句，文字詞稍有不同。但如果理解持戒修福之目的是為生長智慧，則三種譯本實際意義不存在差別。

　　「當知是人，不於一佛、二佛、三四五佛而種善

《金剛般若波羅蜜經》釋

26

根，已於無量千萬佛所種諸善根，聞是章句，乃至一念生淨信者，須菩提！如來悉知悉見，是諸眾生得如是無量福德。」

「應當知道這些具戒、具福慧之人，不僅僅在一尊佛、二尊佛、三四五尊佛前種下善根，而是已於無量千萬佛前修六度萬行，廣種善根。如是之人聽聞此般若經義，若對法義生起乃至一念清淨信心，須菩提！如來以智慧無一遺餘皆能了知照見，這些眾生所獲福德無量無邊。」

能見聞般若無上甚深妙法者，不同於世間凡夫俗子德薄垢重，他們根器銳利，福報深厚。由於並非在有限的幾位佛前種下善根，而是曾於無量佛前種諸善根，他們因此而能於佛法中聽聞般若法藏，並生起殊勝清淨信心。大圓滿密法祖師全知無垢光尊者在《勝乘寶藏論》中云：「我們實已在無量佛前積累過資糧，這以今生值遇到普賢王如來之心法可知。」同樣，佛以不可思議神通智慧為後人授記：對此經生信，乃至僅生一念淨信者，皆為在無量佛前種過善根、積過資糧之人。所以，持此經者皆當生歡喜心。

讀誦、受持、解說《般若經》具無量無邊不可思議功德，不僅如此，甚至僅對空性生起有益懷疑，也會斷除輪迴。如《中觀四百論》中云：「薄福於此法，都不生疑惑，若誰略生疑，亦能壞三有。」福德淺薄者以業

與煩惱的牽引對此不會起信，具緣的人如果能稍微生起諸法無實、因緣幻有的有益懷疑，也能斷除整個三有輪迴之根，何況淨信者？世尊授記末法五百年中，對此要義生起誠信者，哪怕僅只一念清淨信心：《金剛經》所講都是真實語，諸法本性應該是空。有如是念者，遍知過去、現在、未來三時的如來，以其盡所有智，都已知曉並照見，彼於過去無量佛前曾種多少善根，未來因得聞此經所得福德等等，悉知悉見。不僅如此，世尊以智慧眼亦能清晰明見：現在未來有成千上萬眾生聞思、受持此經的意義；以其前世積累無量福德資糧之故，即生當中而對此經情有獨鍾；又以生淨信的緣故，相續中會感受三寶不可思議的加持，獲得不可言說的無量福德。

「何以故？是諸眾生無復我相、人相、眾生相、壽者相，無法相，亦無非法相。」

「以什麼緣故，對此經生淨信者能獲得如是不可思議的福德？因為對般若空性生起淨信者，已遠離分別執著，不再有我相、人相、眾生相、壽者相，既無實有法相，也不會耽著無實非法相。」

得聞無上般若法門乃至生起一念淨信者，得到如此無量無邊福德的原因很簡單：眾生對般若空性義理生起定解後，會在很快時間內，甚至當下就達到遠離四相，無法相、也無非法相的境界。猶如魚已上鉤，收線就可以拉上岸邊一樣，自己在內相續中種下般若空性種子，

《金剛般若波羅蜜經》釋

對甚深無生大空性有堅定信解者，外在身體雖然未有任何變化，與所有凡夫一樣，但此人將在短暫時間內滅除四相。

　　菩薩由徹底斷除執五蘊假合為我之我相，遣除了實有我的我執分別與由我執引申的我所執，從而對於身體、財產、親友等執著一掃而光；由斷我相，使執著壽命延續不斷的壽者相，也予以斷除；眾生接連不斷沉溺輪迴，今生為人，來世變成天人，以後又墮落三惡趣等，在整個輪迴中旋轉的概念也被清淨了。由此可見，得聞般若經的善緣者具無量福德，他們直接間接斷除了四相。《彌勒菩薩願文》中云：「無人無我無壽命，願證無法究竟義。」與斷四相意義相一致。

　　斷除四相，也即斷除了法相與非法相。所謂法相，即有實法之相；非法相，即無實法之相。遠離有實無實，則已證得離戲空性。證悟我相等一法空性，則能證悟餘相等一切法空，如《中觀四百論》云：「以一法空性，即一切空性。」《般若攝頌》云：「知自及諸眾生等，乃至諸法亦復然。」了知自己怎樣，知眾生也是這樣；了知眾生怎樣，知一切法也是這樣。因此，如果通達我是五蘊假合而證悟空性，則知眾生本性並無不同，也會證悟彼等皆為空性；證悟眾生本性空性，則諸法的本性也將證悟。

　　「何以故？是諸眾生若心取相，則為著我、人、眾

生、壽者。若取法相，即著我、人、眾生、壽者。」

　　「為何於此經生淨信者已無四相耽著？因為諸眾生如果執取相狀，即是有我、人、眾生、壽者的執著。如果執著任何名言有法之相，就是有我、人、眾生、壽者的執著。」

　　對此經義有淨信者，則無四相執著，已斷四生三有的流轉。若有任何相狀執著，就是在執著我相、人相、眾生相、壽者相，而任何一種執著都會成為菩提道的障礙。如諦洛巴尊者云：「顯現非縛執著縛，當斷貪執那諾巴。」因此，耽著四相，即成道障。所謂我相、人相、眾生相、壽者相，此四者反體不同，本體無別。從其本空離戲方面理解，執著有、無都不對，稍有執著，則不離四相。

　　其中，如果執取成立一個有法之相，就成為執著四相。此有法既可認為是調伏煩惱的對治法，也可理解為世俗中的一般顯現法。無論執著何種有法，因為存在相狀執著，所以得不到清淨無為的佛果，如《摩訶般若波羅蜜經》云：「須菩提，若諸法相當實有如毫釐許者，菩薩摩訶薩行般若波羅蜜時，不能知諸法無相無憶念得阿耨多羅三藐三菩提。」

　　有法的執著，主要是補特迦羅的執著，即五蘊的執著，如《寶鬘論》所述：「乃至有蘊執，爾時有我執。」既然有我的執著，就有我所的執著。由我所執，

《金剛般若波羅蜜經》釋

便會相續不斷產生執著，由相續不斷的執著，便會有壽命長短的壽者相，而有漏蘊之人相、流轉輪迴的眾生相也會出現。

這是從有法本體空方面而言，下面從無法本空方面理解。

「何以故？若取非法相，即著我、人、眾生、壽者，是故不應取法，不應取非法。」

「什麼緣故？如果執著一切法名相本性都是空、都是無有，取此非法之相也就是在執著我、人、眾生、壽者相，所以既不應執著萬法實有的相，也不應執著空無的法相。」

執取法相即為四相執著，如果取非法相也有同樣的錯誤，也不合理。所謂法與非法有兩種解釋，一種法指佛法的教法，非法是指外道、邪說及無宗派者等的見解；另一種，法指顯現的名言諦，非法指單空方面的法。中觀派以《中論》為代表的許多論著中，都已破除單空的觀點。若認為法界本性僅為空性，堅持自己的單空見解，這也是一種我執、人執、眾生執和壽命執著，因為單獨空性的執著也是成就解脫的障礙。

如果有人想：「我所了知的萬法本性，它是實有存在永恆不變的真理。」這很明顯是一種我所執，而我所執是由我執所引生；有了我和我所的執著，則人相的分別、眾生相的執著進而產生；然後眾生活到一百歲，

一百歲時就該死亡，死了就空了，如是壽者相的執著也出現了。故佛說執著法相即是執著四相，就是輪迴執著。不僅執法相會有四相耽著，執非法相，同樣有四相耽著。《般若攝頌》云：「雖說證蘊空，菩薩勇士者，尚行相狀故，未信無生處。」此頌意為，雖然證悟五蘊是空性，但也不是究竟見解，因為菩薩勇士仍行於單空相狀的執著，故對無生沒有信心。這說明，若還保留單空的執著，並不是真正的見解。而對於一般愚者，寧可讓其有我執，也千萬不可對其講無我空性，令起此執著，因為他一旦有了這種執著而不捨，則誰也救不了，如《中觀四百論》云：「愚寧起我執，非說無我理。」另外佛經亦云：「寧可著有如須彌山，不可著空如芥子許。」由此可見寧可有我見，不可有非法的單空見。由於執有實之法相是落入四相，而無實是依有實而有，因此，取單空之非法相也是在執著四相。

　　所以，真正行持大乘菩薩道的修行者，不應取法，不應有任何偏墮於有法的執著，也不應墮入空見中，離一切戲論，方可真正趣入離邊的真實義。

　　「以是義故，如來常說：『汝等比丘！知我說法，如筏喻者，法尚應捨，何況非法。』」

　　「因為這個緣故，如來經常說：『你們這些比丘們，應該知道我所說的八萬四千法門，就像船筏之喻一樣，佛法尚且應該捨去，何況非法之法。』」

《金剛般若波羅蜜經》釋

不應取法不應取非法的道理，釋迦牟尼佛在眾多了義經典中如此宣說：你們這些比丘們，應該明白我說的種種法門，就像船筏的比喻一樣。眾所周知，渡過大海、江河的時候必須要依靠船筏，但是到了岸邊以後，船筏就已無用，只有放在岸邊，行者才能到達自己的目的地，不捨棄船筏，背著它則寸步難行。同理，釋迦牟尼佛對眾生宣示世俗中善惡取捨的因果法門等，是修行人要渡過輪迴大海暫時不得不依靠的，依此可以積累二種資糧成就佛果，否則得不到解脫。但以究竟方面而言，對所有修行的法也必須捨棄實執，何況說其他的非法之法呢？非法指外道的法。

不僅有法，單空方面的法也會成為障礙，因此也應捨棄。依道次第的角度，暫時必須依靠這些法前進，但最終一定要捨棄才能到達彼岸，獲得解脫。不依靠名言，勝義諦是不可證悟的，龍猛菩薩云：「若不依俗諦，不得第一義。」月稱論師在《顯句論》中也是這樣講的：為了舀水，首先要準備水器，但水拿到家裡後，水器就不一定用了。《入中論》亦云：「由名言諦為方便，勝義諦是方便生，不知分別此二諦，由邪分別入歧途。」還沒有到達二取消盡於法界的境界前，必須要依靠一些像船筏般的世俗與暫時勝義方面的法前進，但到了最後這些法也都必須捨棄，更何況其他的非法更應當棄之如履。

金剛經釋

因此，在最究竟的實相中，法和非法全部要捨棄，一定要安住在無任何所緣的境界當中。

「須菩提！於意云何？如來得阿耨多羅三藐三菩提耶？如來有所說法耶？」

佛問：「須菩提！你是怎麼想的？如來是否得到過實有的無上甚深圓滿正等覺果位？世尊所開演的法是否是真正實有的法？」

上文佛陀對須菩提開示：佛所說的八萬四千法門，只不過是引導眾生的方便法而已，實際並不存在。在此佛陀為觀察須菩提是否正確理解了般若的意義，又提出兩個問題：佛存在否？法存在否？

對「阿耨多羅三藐三菩提」有不同的解釋，一種解釋：從梵文直接翻譯漢文為無上圓滿正等覺。「阿耨多羅」為無上，「三藐」是正等，「三菩提」是正覺，合起來即：無上正等正覺，意義是無上圓滿三世如來應供正等覺。另一種是六祖的《金剛經口訣》中將「阿」釋為心無妄念，「耨多羅」是心無傲慢，「三」是心常住於正定中，「藐」是心常住於正慧之中，「三菩提」是心常住於正戒中。

眾所周知，六祖大師依靠《金剛經》而獲得證悟成就，眾人公認為一代祖師，我們理應承認他的講法。上師法王如意寶說過：一些沒有經過聞思的大成就者，與有些精通經論的持藏大師，從顯現的智慧上有很大差

《金剛般若波羅蜜經》釋

別，精通經論的持藏大師的教言相合佛經教典，而那些不是很精通經論的高僧大德的法語與經論相比較，不一定容易被人接受。漢地的一些大成就者，成就方面是大家共同承認的，但有些解釋經論的語言，不一定相合學教者的口味，不管怎樣，對成就大德的金剛語我們都應恭敬。

此段義淨三藏譯為：「於汝意云何？如來於無上菩提有所證不？復有少法是所說不？」其字句雖與羅什大師所譯稍有不同，但意義不存在大的出入。

於世尊所提出的佛與法是否實有的這兩個問題，須菩提不加思索，馬上回答：

須菩提言：「如我解佛所說義，無有定法名阿耨多羅三藐三菩提；亦無有定法，如來可說。」

須菩提回答：「根據我對佛所說法的理解，真正有實質的如來正等覺並不存在，也沒有具實質性的堅固不變之法，如來可以宣說。」

於實相中，佛果亦如虛空中的鮮花，唯是名言假立法；同樣，如來也未曾說過固定不變、在勝義中依然實有存在的佛法。真正的如來是一切諸法的本性，是大無為的法身智慧，因此不應當執著如來是有相法。佛出不出世，都是在眾生的迷亂顯現前安立的，實際本性中並不成立，如佛經云：「佛出世或不出世，諸法法性無變化。」龍猛菩薩在《中論》中云：「如無有自性，云何

金剛經釋

有他性，離自性他性，何名為如來？」因此，如果將色相執著成如來，則違背法性真義，而必定為諸聖者所呵，如本經中云：「若以色見我，以音聲求我，是人行邪道，不能見如來。」須菩提接著又說了為什麼不成立佛有所說法。

「何以故？如來所說法，皆不可取、不可說，非法、非非法。」

「為什麼勝義中佛法也不成立？因為如來所說的法義都是不可執著、不可思議言說，不是有法，也不是無法。」

此段經文，須菩提主要回答了為什麼「無有定法如來可說」，即不存在實有不變的如來所說法的原因。釋迦牟尼佛成道以後轉了三次法輪，開示宣說了八萬四千法藏，這只不過是在無明眾生面前的幻現而已，其實佛陀恆時安住於遠離一切戲論動搖的法界中，並未曾說過一法。雖然佛陀沒有宣說一點一滴的法，但在眾生面前顯現說了眾多的法，佛經有云：「雖未說一法，眾生現如是。」其他的高僧大德解釋時，也說以佛的智慧力而任運顯現，實際上佛不會有分別念想說法，也沒有說過法。另有佛經云：我從成佛始到最後涅槃之間未說過一句法，若有人說我有所說法，即是謗如來。《秘密不可思議經》云：「我成佛至今，未說一句法。」因此，究竟而言，佛陀宣說的法也是不存在的。

《金剛般若波羅蜜經》釋

眾生若以心識智慧或分別念去找尋如來所說的法，永遠也得不到。由於文字與語言的限制，使如來所說的法義不能全部被表達，因此，名言中的名詞法相根本不可取也不可得。如《法華經》云：「諸法寂滅相，不可以言宣。」所謂如來說法都是方便、權宜，真正的法無法可說，要靠自證、自修、自觀來體驗，就像啞巴吃糖一樣，不可表達。《六祖壇經》中云：「不思善、不思惡，正與麼時，那個是明上座本來面目。」

所謂法即有實法，所謂非法即無實的空性法。這些名言所立的諸法，其本來即是無生，故不可安立有無，而只有通達不存在法，不存在非法，於任何戲論分別也不緣執，那時方是本來面目。以理觀察時，任何有實與無實之法皆不可得。因此，即使是佛語，其本體也終究不可得，是離一切戲論的，言語思維無法衡量。一切戲論全部滅盡，一點也不可得，無所度的眾生，亦無能度的佛法，如《中論》二十五品云：「諸法不可得，滅一切戲論，無人亦無處，佛亦無所說。」宗喀巴大師亦云：「世尊成道以來，不管在人間或天上，沒有說過一字佛法，所謂說法，只是眾生面前的迷亂顯現而已，實際能說、所說皆離一切戲論。」因此我們應該知道，如來所說的法既不可執取，也不可言說，最多只是依言語、分別假想安立，其本體從來未曾生過，不是法也不是非法，了不可得。由此可見釋迦牟尼佛所說法的最究

竟意義，唯是《金剛經》中所敷演的空性般若智慧。

嘎單派在暫時的觀點上解釋非法和非非法，有點困難，他們認為非法不是名言中的空性，非非法也不是勝義中的名言，有和無都不敢承認，只有用輪番方式來抉擇。寧瑪派的解釋則既從容又簡單：離一切戲論的法性不是法的緣故，遠離了常有的邊；不是非法的緣故，遠離了斷邊。勝義當中無一法有立錐之地。

「所以者何？一切賢聖，皆以無為法而有差別。」

「為什麼在本來實相當中一法都不存在，諸法離一切戲論？如果是這樣，一切賢聖的差別何在呢？雖然一切諸法本性是大無為法，離一切所緣執著，但一切賢聖以所證無為法之能知方面而有差別。」

諸法本來等淨無二之理，可由淨見量推理：為什麼一切諸法本來清淨、本來平等呢？因為它是聖者根本慧定所證所緣之故。一切諸法不存在之實相，是一切聖者以入根本慧定之智慧所照見，而一切賢聖的差別，也都是建立在無為法的基礎之上。差別的意思可以從兩方面理解：第一個理解方法，由聖者根本慧定所證，除無為法空性以外，真實的相執有、無、是、非四邊都得不到，而有境聖者根本慧——如來藏光明顯現方面有差別；另一方面，聖者入定時離一切戲論，安住於般若空性之中，而出定時以所抉擇的無為法空性而有差別。

對於無為法的認識，世親論師說聖者入定的時候，

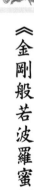

《金剛般若波羅蜜經》釋

滅除一切散亂，即現前一切如來之智慧無為法。嘎瑪拉希拉的觀點認為，若是有為法即是無實剎那變化的，即非為無為法。為何如此？一切諸法的空性本體具足三種無為法的特點，所以是無為法，若不是無為法則會隨因緣有變化，非恆常就不可靠，就不是一切諸法的本來實相。因此，依靠教理應該了知一切諸法本來無為的實相。

從聖者所證的空性無為法之反體而言，則無有差別；但從顯現或能證方面而言，聖者智慧也有深淺差別。六祖云：「三乘根性，所解不同，見有深淺，故言差別。」三乘所證悟的無為法空性無深淺，但能證智慧方面有差別，羅漢智慧狹小，菩薩智慧較深，佛的證悟最究竟圓滿。六祖在解釋差別的時候，與此處以無為法解釋差別很相合，江味農居士也是從見解的深淺方面講差別。聖者智慧的差別，從所證的無為法空性方面不成立，僅從聖者有境智慧方面則可以成立。如果所證空性的反體有差別，那麼無為法就變成無常的法，而我們所說的無常也應該成了無為法了。

「須菩提！於意云何？若人滿三千大千世界七寶，以用布施，是人所得福德，寧為多不？」

須菩提言：「甚多，世尊！何以故？是福德即非福德性。是故如來說福德多。」

佛說：「須菩提，你是怎麼認為的？如果有人將整

個三千大千世界盛滿金、銀、珍珠、瑪瑙、水晶等珍奇寶物，在長時間中，對無邊無際的一切有情，做慷慨布施，此人所得的福德，難道不是很多嗎？」須菩提說：「是很多，世尊，為什麼說福德多呢？因為福德本體為空性，而非實有存在，可以隨因緣增長變化的緣故，如來說此人所得福德多。」

　　財布施的功德雖然很大，但與法布施相比還有較大的差別，法布施的功德更加圓滿，更不可思議。尤其是依靠這部經以殊勝方式作法布施，功德更是無法衡量。

　　《百業經》、《賢愚經》等佛經，都已宣說在佛陀乃至在乞丐面前供養一頓飯或者布施一分錢，也有很大功德。如果用充滿三千大千世界的珍寶，作上供下施，福德當然無法想像，所以須菩提回答：此人福德非常多。福德真正的本性非實有法，非恆常不變。它的本性是空性，以本體空性的緣故，福德可以輾轉增上。如果福德是成實不變的或是實有性的一個東西，那麼可以思維其量，但福德本體是空性的緣故，所以如來也讚歎福德非常多。以比喻而言，三千大千世界用七寶裝滿，然後供養或布施三界眾生。一般人肯定不具足這麼大的福德，現在的人僅僅在自己碗裡裝滿七寶，供養上師的福報都不夠，何況用盛滿三千大千世界的七寶布施。世間人認為財布施有很大功德，法布施不一定有這麼大的功德，這種說法並不正確。三界教主釋迦牟尼佛親口宣說

法布施的功德，財布施遠不能及。

　　須彌山、日月、四大部洲以及梵天是一個小世界，這樣的一千個世界稱為一個小千世界，這樣一千個小千世界算一個中千世界，一千個中千世界組成一個大千世界。有集曆算學家、佛學家、天文學家於一身的專家，說三千大千世界是十億個太陽系。在數量這樣多的世界中裝滿七寶，以清淨心布施無數眾生，如此多的財物，時間也是多生累劫，這樣供養所得福德肯定很大。《妙法蓮華經》中云：「若人散亂心，乃至以一華，供養於畫像，漸見無數佛。」以清淨心供養一朵花將來也能逐漸獲得成佛，故此功德更不可想像。

　　還有一個原因，福德本性空性，如果它的本性不是空性，則不可言說有大福德。嘎瑪拉希拉亦云：勝義當中如果有一個真實的自性，則不可言說。一切法在勝義中自性本空離戲，無任何一個自性實有法存在。福德亦如是，勝義當中雖不成立，但在名言中緣起成熟時，供養和布施的功德也可以幻化般出現。《入行論》中云：「供幻佛生德，如供實有佛。」義為在幻化般佛陀面前供養，幻化功德可以出現，就像小乘行人認為在實有的佛前可以獲得實有的福德一樣。勝義諦當中，一切法自性本空離戲，無任何一個自性實有法，以真實空性緣起雙運故，名言中依緣起法福德可以顯現，是故如來說福德多。

41

辯證勝義諦與世俗諦在文中經常出現，目的是為了加強對勝義諦真正認識，令學者進一步懂得不管福德、法身等，對於任何法不應有相狀執著，而了悟諸法自性本空。

「若復有人，於此經中，受持乃至四句偈等，為他人說，其福勝彼。」

「如果有人受持此經，經常專心致志念誦受持，乃至於給他人講解僅四句偈的法義，他們的福德已超勝於前人以七寶布施的福德。」

藏文和漢文翻譯本經時，都非以偈文方式而是以散文方式翻譯的，但在印度梵文中原來是偈頌，因此當時譯者譯為四句偈。四句偈是四個句子組成的一個偈文，如「一切有為法，如夢幻泡影，如露亦如電，應作如是觀」四句稱為一偈。

為人宣說般若一偈的福德已經超勝前人七寶布施的福德，《般若八千頌》中說：如果善男子善女子讀誦、受持、言說般若法門，其功德超勝於財布施。如果讓他人讀誦、聽聞、修持金剛般若法門，也有不可思議功德。釋迦牟尼佛曾對阿難說，兩人一起所能造的最殊勝功德，是一個人聽聞，一個人講經。《法華經》中亦云：「若有聞法者，無一不成佛。」《虛空藏經》中云：「雖說俱胝劫，佛智無有量，如是持佛法，福德亦無量。」《獅吼經》也說：以七寶遍滿三千大千世界供

《金剛般若波羅蜜經》釋

養和布施的功德，與在濁世之時為別人宣說四句偈的功德相比較，說法的功德更大。《慧海請問經》、《般若八千頌》中世尊對阿難也宣示過種種般若空性法的功德。

「何以故？須菩提！一切諸佛及諸佛阿耨多羅三藐三菩提法，皆從此經出。」

「為什麼受持般若經為他人說有如此大的功德呢？」佛自問自答說：「須菩提，這是因為一切諸佛及諸佛所依靠成就無上正等正覺的法，都是從這部經的意義裡產生的。」

一切三世諸佛皆從般若波羅蜜多出生而顯現正等覺，般若空性智慧也稱為佛母，一切佛陀之母就是空性智慧。《入中論》云：「聲聞中佛能王生，諸佛復從菩薩生，大悲心與無二慧，菩提心是佛子因。」佛陀是從菩薩出生，菩薩的因是大悲心、無二智慧和菩提心。由此推論，諸佛實際是從般若無二智慧當中產生的。《現觀莊嚴論》中頂禮偈也云：「具為聲聞菩薩佛，四聖眾母我敬禮。」諸佛菩薩先修空性，證悟空性智慧以後才現前功德和果位智慧，因此稱般若為佛母。世間兒子的來源是母親，同樣，一切三世諸佛聖者之因，超凡入聖的根本依靠就是般若空性。此處經文直接闡述佛由般若空性中產生，間接引申出法也是依靠般若空性產生，《佛子行》亦如是云：「利樂之源諸佛陀，修持正法而

成就。」因此應該知道一切佛法全部依般若經而出生，所以佛說從《金剛經》中出生諸佛和諸佛成就之法，此般若空性智慧功德極大。

「須菩提！所謂佛法者，即非佛法。」

「須菩提！所謂的佛法，其本性並非實有，故非佛法。」

在名言現相中，釋迦牟尼佛在眾生面前宣說了八萬四千法門，這些如陽焰、水月般存在的佛法，也是眾生通過積累資糧因緣才得以遇見，但在實相中無任何所謂的佛法存在。

以勝義諦解釋佛法即是非法，為什麼呢？佛身莊嚴色身、言行等，通過布施等因緣可得，但在勝義中這些法猶如兔角與石女兒，是本體空性。《寶性論》云：「善逝如虛空，六根現受因，所見無大色，所聞淨妙語，所嗅佛戒氣，所嘗聖法味，所受等持樂，所證深性理，若細思維者，則受勝義樂，善逝如虛空，遠離諸法相。」另一種理解方法：內道弟子共同承認佛法是滅除眾生痛苦的妙雨甘露，但以勝義理論深入細緻抉擇時，彼等僅僅是世俗中的假象，是引導眾生的方便法而已，真正的法是離一切戲論邊執的實相無為法。如《中論》云：「淺智見諸法，若有若無相，是則不能見，滅見安隱法。」《入中論》云：「若有為自相，及無為自相，彼由彼性空，是為自相空。」《現觀莊嚴論》中云：

《金剛般若波羅蜜經》釋

「不執著諸法， 不見彼相故，智慧所觀察，一切無所得。」六祖也曾認定：佛經並非真正了義的佛法，因為這是肉眼的境界， 而肉眼的境界並不究竟，了義佛經的內涵是慧眼境界。

此外，這一句在義淨法師譯文為「佛法者，如來說非佛法， 是名佛法」，詞句上稍異， 而意趣一味。

下文闡述小乘聖果與般若空性的關係。小乘聖者與凡夫不同，其特點是證悟了人我空性，破除了實執。小乘預流果到阿羅漢果之間， 如果未證悟般若空性，那麼沙門四果也是不能得到。麥彭仁波切在《辯答日光疏》和對局沙格西的辯論書等論著中， 依靠教理再三重申：大乘所抉擇的緣起空性，聲聞、緣覺也必須要通達，如果沒有部分通達般若波羅蜜多，那麼聲聞自宗所承認的果位也無法建立。《般若經》云：「凡執實相者，皆無三菩提之解脫。」《般若攝頌》中亦云：「誰求聲聞獨覺果， 乃至法王如來果，皆依般若法忍得， 離此恆時不可得。」寧瑪自宗並非認定聲聞緣覺必須通達全部法無我空性，但如果法無我的一分也未通達則不能超離三界。

小乘聖果指沙門四果或者沙門八果。四果為：預流果、一來果、不還果和羅漢果；八果分別為：預流向和預流果，一來向和一來果，無來向和無來果，阿羅漢向和阿羅漢果。向指的是即將到達而尚未到達， 正朝果地

45

前進。如預流向是還未得預流果時，正向果的方面努力，是在凡夫人的基礎上向預流果方面修，稱為預流向；預流果則已經遠離了凡夫的庸俗分別境界，已超凡入聖獲得了小乘見道聖果。餘者類推。

「須菩提！於意云何？須陀洹能作是念：『我得須陀洹果不？』」

須菩提言：「不也，世尊。何以故？須陀洹名為入流，而無所入，不入色、聲、香、味、觸、法，是名須陀洹。」

「須菩提，你是怎麼想的，你的心中有什麼看法或觀點，你認為得到須陀洹聖果的人，他會不會生起名相執著的意念『我已經得到了須陀洹的果位了』。」須菩提回答說：「不會的，世尊。為什麼不會有執著？因為須陀洹之名，即是已遠離凡夫境界，趣入聖者出世之流，不為色、聲、香、味、觸、法六塵所轉，證悟對五欲六塵無有執著的境界，所以才稱為須陀洹。」

須陀洹是指小乘見道果位——預流果。有些大德認為「流」字應該是「生」字，一果應該稱為預生；也有解釋為入流，表示逆生死流，不入六塵，入出世聖者之流的意思。小乘行者通過四念處、四正斷、四神足、五根、五力的修習，於苦集等四諦、十六行相生起隨信，了悟無我正見而趣入聖位，故得預流果的聖者不會有我得預流果的執著。

《金剛般若波羅蜜經》釋

預流果是小乘見道位，其所得智慧是在第十六剎那斷除見惑後得到的智慧分。其所斷是欲界當中的部分修惑與所有的八十八品見惑，預流向尚未全斷盡修惑，預流果已經徹底斷除本品的障礙，入聖智位。預流果者唯在名言中有獲得一個預流果的假象，但是在實際當中，得果位、能得者與所得者都是自相空。既然不成立實有的入流，就不可能有入於色、聲、香、味、觸、法者，《澄清寶珠論》引教證云：「若於內外法，斷盡我我所，則盡近取因，彼盡不轉世。」以未趣入外塵六境的緣故，可以稱為是預流果。

若不能正確分析勝義諦和世俗諦，則難以開顯佛陀的密意，講解著述者在建立正理時也很棘手，部分大德們解經時，由於未區分世俗諦與勝義諦，前面說須陀洹名為入流，後面又說不是入流，文辭上即出現前後矛盾，所以很難說清此理。而如果分開二諦，說世俗中有如幻如夢的假象；勝義諦中預流果本性無實，故不應有執著，如是則了了分明。如《入中論》中云：「由名言諦為方便，勝義諦是方便生，不知分別此二諦，由邪分別入歧途。」

《俱舍論》和《現觀莊嚴論》中有關於二十僧伽的概念，二十僧伽由四個沙門果位分化而出。預流果有五個，包括三個向預流果和兩個聖果，然後一來果有三種，無來果有十種，阿羅漢果分為聲聞與緣覺兩種，總

共二十僧伽。嘎單派中有四種難題，其中二十僧伽問題也是其中比較難懂的一個題。宗喀巴大師、甲曹傑、克主傑論師專門對二十僧伽有很詳細的一些解釋，包括每一個僧伽所證所斷以及他們在輪迴當中的流轉情況，如無色界當中怎樣，色界當中怎樣，從欲界當中如何離開等等，都有細緻入微的解釋。《現觀莊嚴論》中對二十僧伽問題，例如預流果的向預流果，向預流果又分多種，一來果裡面什麼往生天趣，什麼往生人趣，裡面有很詳細的分析，但要完全理解也比較困難。

　　三界九地當中把所有修惑，即修行當中的煩惱，分成九品，比如說上上品、上中品、上下品等。三界九地依《俱舍論》的安立法，三界指欲界、色界、無色界，欲界加上色界四禪天、無色界四無色天，共稱為九地。以每一地的煩惱有不同特點的緣故，將每一地的煩惱又分為九等，共九九八十一種修惑。預流果者最多只能斷除九品修惑中一品到五品之間的修惑，及八十八見惑，第六品以上的修惑尚未斷除。斷除過程中最主要斷三種結，此三種障礙是薩迦耶見、戒禁取見、疑惑見。薩迦耶見亦稱為我見，指五蘊妄執有我或認為存在常法的作者，或不可思議我存在，以此為緣生起我執流轉生死，戒禁取見是受持非因所制之戒，如外道殺生祭祠、裸形苦行等，斷除此三種所得的果位稱為預流果。

　　依道次第而言，預流果將三種身見、戒禁取見及疑

48

惑見這三種障礙斷除，獲得第十六刹那的智慧，因此在不觀察名言中可以安立承認有這麼一種預流果，但以本來實相上而言，是不存在的。宗喀巴大師在《六十正理論》廣釋當中有詳細敘述預流果的境界。預流果要入趣先能不能入色呢？入色是不可能的。預流果當時證悟的境界，無任何所依，所以得不到可入的色法，同樣的道理，聲、香、味、觸、法，各種世俗真實對境法都無法趣入。能趣入者和所趣入或者趣入的方式，全部都不存在。證悟如此無所入的空性境界，是真正的須陀洹果。須菩提答得非常準確，釋迦牟尼佛見法緣與弟子都已成熟，所以很高興。然後下面是一來果。

「須菩提！於意云何？斯陀含能作是念：『我得斯陀含果不？』」

須菩提言：「不也。世尊！何以故？斯陀含名一往來而實無往來，是名斯陀含。」

世尊問須菩提：「你是怎麼想的，斯陀含果的聖者會不會有這樣的執著妄念『我已獲得斯陀含果』？」須菩提回答：「不會，世尊。為什麼不會？斯陀含在名義上可以說是一往來，在幻化中還要來一次欲界，但以勝義諦實相而言，二果的聖者已證得無來無去的智慧，無所往來，所以稱作是斯陀含。」

斯陀含稱為一來果，依《俱舍論》二十僧伽的講法，一來果分為三種僧伽，其所斷為五種結，包括身

見、戒禁取見、疑見、貪欲和惡意五種修惑障礙，九品煩惱中的第六品已斷除。真正的一來果，斷除相應自品的障礙，已遠離我與我所的執著，所以才成立相應的果位。龍樹菩薩《中論》中云：「若無有我者，何得有我所？滅我我所故，無我我所執。」全知麥彭仁波切云：「一見真諦者，能斷遍計惑，如知繩非蛇，相續生對治。修行後次等，能斷俱生惑，改變對治性，斷盡細種子，復不出生故，如日遣黑暗。」一來果者證得本品慧分，已斷相應六品煩惱，根本不會生起「我是斯陀含者」這樣粗大的分別我所執，如《優波離請問經》中云：「煩惱智慧此二者，不能同時異有故。」梵語斯陀含，玄奘法師譯為「來者」。所謂一來果者，尚未脫離輪迴，色界和無色界還是經常去轉生。其中的一來者，是指一次到欲界天，一次到欲界，但還有一種一來果，他並無具體在天界流轉的次數。

　　不管是預流果還是一來果的聖者，都不會有我所的實執，如果有實執，則其自宗所安立的果位亦無法證得。以中觀應成派的觀點，得小乘的四種果位必須要在證悟人無我與部分法無我，如果法無我未證悟，小乘自宗的果位也不能證得。

　　「須菩提！於意云何？阿那含能作是念：『我得阿那含果不？』」

　　須菩提言：「不也，世尊！何以故？阿那含名為不

來，而實無不來，是故名阿那含。」

佛問：「須菩提，你是怎麼想的，得到阿那含聖果的人會不會有這樣的執著『我已得到阿那含果』！」須菩提回答說：「不會的，世尊！什麼原因？雖然名言中阿那含不再來欲界，而在實相當中，阿那含並無來與不來的分別妄想，所以稱為不來果。」

佛經的緣起是很希有的，有些佛經內容是釋迦牟尼佛對弟子親口宣說的，有些內容是弟子懂得佛的密意，弟子宣講，由佛印證而成為經。如《心經》，是觀世音菩薩宣說五蘊空性，佛陀予以印證，成為佛經。此處雖然是須菩提所說，但經過佛的印證，與佛的密意相一致，其所說之語也列為佛經。

阿那含是小乘聖者果位當中的第三果，也稱無來果，玄奘法師譯為「不還果」。從名相上無來果可以有無來的概念，但從勝義諦的角度分析，無來的概念也是不存在的，何況恆常的果。三界九地當中無來果者不再來欲界，但是色界、無色界還是要經常去轉生，所謂的無來果可以分一個不來向、一個中般、三個生般、三個超越、一個現法寂靜、一個身證，共計十種類別。阿那含的修證成就是斷除見惑五種結、色受結、無色受結、掉舉、無明、我慢和欲界九品修惑中的七至九品，若把無色界最上的非非想天的煩惱斷除，即可成就阿羅漢果。阿那含雖然沒有斷除生死輪迴的一切煩惱，但也斷

除了九品的煩惱，欲界再也不用轉生，並且能自在轉生色界、無色界天，這樣的小乘聖果，唯在名相上顯法存在的角度可稱為是無來果。

「須菩提！於意云何？阿羅漢能作是念：『我得阿羅漢道不？』」

須菩提言：「不也，世尊！何以故？實無有法名阿羅漢。」

佛進一步問須菩提：「得阿羅漢果的聖者是否有我已得到阿羅漢果的執著？」須菩提答：「不會，世尊。為什麼無有執著呢？因為勝義當中無任何自相實有堪忍的法存在，阿羅漢的概念也不成立，何況實有的果法。」

阿羅漢義為勝敵，表示戰勝三界煩惱敵人之意。三界九地共計八十一種修惑已全部斷除，但他還有細微的所知障，以斷除八十一種修行障礙的緣故，完全斷除轉生三界輪迴的因。雖然阿羅漢還沒有戰勝細微所知障的敵人，但已戰勝了俱生煩惱之敵。六祖口訣與江居士的講義中，阿羅漢譯為無生，藏文中勝敵與無生有些差別，無生通常指達到無生無滅佛的境界，阿羅漢翻譯成勝敵更恰當。阿羅漢從小乘自宗而言是最高的一種境界，但根據《法華經》、《澄清寶珠論》等很多經論所述，究竟唯有一乘，阿羅漢最終一定要入大乘，修行大乘法，才能得到究竟涅槃的果位。有些法師未精通大

小乘的道次弟，在講義當中說阿羅漢與八地菩薩境界相同，已經獲得無生法忍，修密法者最後的果位是阿羅漢果等，純屬謬誤之談。這些法師在人們的印象當中可謂人天師表，宏法利生的事業也普遍廣大，但可能未聽聞《俱舍》，未研究《現觀莊嚴論》，未廣泛系統修學大乘經典，故說法時難免有諸多紕漏，出現這樣那樣不符合佛經論典的分別妄言。

《十地經》中云：「此教宣說聲聞獨覺亦有了知一切法無自性者！」不僅大乘觀點，小乘自宗也認為阿羅漢不應該有自己是阿羅漢的執著。小乘自宗亦如是表述羅漢證悟境界：滅盡心、滅盡識、滅盡蘊、一切痛苦也滅盡了，這是痛苦的終結。世俗和世俗諦有較大的差別，阿羅漢雖然有世俗顯現卻沒有「世俗諦」的顯現，聖者面前雖然有世俗的顯現概念，但沒有諦實的概念，因此，阿羅漢在出定的時候自己也有「我是阿羅漢」的想法，但他不會有真正阿羅漢的執著。他如果有阿羅漢執著會有什麼過失呢？

「世尊！若阿羅漢作是念：『我得阿羅漢道』，即為著我、人、眾生、壽者。」

須菩提依自己所悟進一步陳述：「如果阿羅漢生起自己是阿羅漢的執著，實際就是在執著我相、人相、眾生相、壽者相。」

如果阿羅漢生起執著就已經成了人我執和法我執，

若阿羅漢有這樣的執著，其根源即是我相，有我的執著相：我是阿羅漢，除我以外，某某是凡夫人。由我相，故我所的人相也隨即出現；我已得阿羅漢果，其他眾生相續尚未得到，眾生相也出現了；我這個阿羅漢什麼時候離開人間入涅槃，壽者相也出現了。如《楞伽經》云：「相者，若處所、形相、色像等現，是名為相。」若證悟清淨諸法皆無相，則是真正法界本體。如《六祖壇經》云：「無相為體。」

「世尊！佛說我得無諍三昧，人中最為第一，是第一離欲阿羅漢。」

佛陀在眾多佛經中針對眾生的根基，說過：須菩提得到真實無諍三昧的境界，須菩提在我的十大弟子中，是離欲第一，解空第一。

世間人之所以互相爭論有痛苦，是因為未斷我執，未證無諍三昧，未解脫得到阿羅漢果。「有諍說生死，無諍即涅槃」即是此意。所謂的無諍三昧藏文譯為無煩惱的禪定，玄奘、義淨法師皆譯為「無諍住」，住是安住三昧之意。《涅槃經》云：「一念不生，諸法無諍。」如果達到遠離一切煩惱，無任何分別念的境界，則對諸法不會有任何爭論。而世俗顯現中，僧人為各種不同宗派而爭論，世間在家人為五蘊的苦樂感受而爭論不休，如世親論師云：「瑜伽士為見解而爭論，在家人為感受而爭論。」

《金剛般若波羅蜜經》釋

54

佛的十大弟子中各有不同特點，阿羅漢雖然都已跳出三界，但他們的證悟和境界卻有所不同，如：迦葉頭陀行第一，舍利子智慧第一，目犍連神變第一，富樓那說法第一，阿難廣聞第一等等。佛經中有兩種說法：須菩提是解空第一或者離欲第一。依名言而論，須菩提是第一離欲阿羅漢，而真正的阿羅漢是否有增上慢，有「我是阿羅漢，很了不起」等的分別執著呢？

　　「我不作是念：『我是離欲阿羅漢』，世尊！我若作是念，『我得阿羅漢道，』世尊則不說須菩提是樂阿蘭那行者，以須菩提實無所行，而名須菩提是樂阿蘭那行。」

　　須菩提說：「證悟實相後，我不會有『我是離欲第一阿羅漢』的分別執著，如果阿羅漢有相狀執著，自認為已得到阿羅漢道，對有這樣粗重實執的眾生，佛陀不會為我授記。以須菩提證悟實相，無行相執著，才稱須菩提是樂寂靜行者。」

　　「阿蘭那」意為寂靜，即身體寂靜，煩惱調伏。阿羅漢是最殊勝之寂靜者，須菩提的境界正如佛經所述：阿羅漢雖然有各種顯現，但已斷盡我與我所的實執。雖然在名言中佛為須菩提如此授記，但勝義實相中，阿羅漢本身絲毫不會有我是阿羅漢的執著。大乘聖者菩薩們也是如此，如《寶性論》所云：在眾生前雖可以顯現生老病死種種痛苦，但真正的聖者境界中並無凡夫的執

著。世尊既然說其是離欲阿羅漢，必定須菩提已遠離凡夫的粗重實執。如果有執著，世尊則不會說須菩提是解空第一，或離欲第一。

大乘經典中再三強調聲聞緣覺也必須證悟法無我。《般若經》中云：「執著實有相狀無有解脫，依空性而得三菩提。」「聲聞緣覺佛果，亦若不依此般若空性，則不能獲得。」《中觀論釋》中用了七個教證，三個理證說明阿羅漢必須要證悟法無我。若有人認為阿羅漢未證悟法無我，則與經文義理相違，必定墮落戲論邊執。阿羅漢只有對緣起空性有所證悟，才能得到其相應的果位，故須菩提無名相執著。《七十空性論》云：「以此一切法，皆是自性空，故佛說諸法，皆從因緣起。」如果不懂緣起空性之理，就會有各種實有的苦樂感受。龍猛菩薩在《出世論》中亦云：「戲論說眾苦，自生及他生，俱生無因生，佛說是緣起。」其意為世間戲論者經常說苦諦所攝之眾法是自生或是他生，有時說自他二者共生，有時說是無因生，有各種戲論之說，佛則說諸法是緣起空性的正理。我與我所執未消於法界前，因果不會空耗，名言中應當承認有阿羅漢，須菩提是解空第一。但就實際而言，真正通達緣起空性道理的阿羅漢無任何執著。

下面是對莊嚴淨土作遮破，從往昔佛陀的授記、器世界、有情世界三方面來辨析，首先觀察往昔佛陀的授

《金剛般若波羅蜜經》釋

56

記。

佛告須菩提：「於意云何？如來昔在然燈佛所，於法有所得不？」

「世尊，如來在然燈佛所，於法實無所得。」

佛告訴須菩提：「就你的觀點而言，如來往昔在然燈佛前，是否真實得到過授記，是否真實有所得法？」須菩提言：「名言中雖然可以如是承認安立，但依勝義諦觀察，如來實際在然燈佛前未得到任何法。」

此問題從往昔佛陀顯示得授記而言，佛與須菩提從勝義諦方面進行問答。在名言中，如來在然燈佛前確實得過法。《百業經》、《賢愚經》中記敘曾經在九十一個大劫前，釋迦牟尼佛轉生為法雲童子，他在然燈佛前得無生法忍，登第八地時，然燈佛給法雲童子授記：九十一個大劫後，你於娑婆世界中的賢劫成佛，為第四佛，號釋迦牟尼佛。其所得無生法忍是指對無生空性法生起堅定不移的信心，此後不會對無生法門生邪見。名言中佛已得法，而勝義中一切法離四邊八戲，佛亦未得到任何法。如《華嚴經》云：「雖聞如來聲，音聲非如來，離聲復不知，如來等正覺。」嘎瑪拉希拉說：無所得的法亦無能得的法，已獲得之相也無有。世親論師亦云：所謂獲得法是一種分別念，應當捨棄。

如果修行者生起「我今天去修法」或「我得授記」等類似的實有執著，都是分別念，都成障道的因緣，應

予以捨棄。此處經中的授記，其他經典也如是記載，在名言中是真實不虛，但就勝義而言，菩薩如果有執著，認為自己已獲得授記，那他並未得到真正的授記，而是魔的授記。法王如意寶也講過：如果我們自己認為，「今天本尊已為我授記，文殊菩薩高高興興地說你將來變成……」如果產生這樣的傲慢執著，就不是真正的成就。世親論師也認為得法得授記，此亦是分別念，實際中無有可得。從佛法無住無變、無邊無際、廣大無垠方面而言，六祖大師認為，法就像太陽一樣，其照射的光明周遍一切世界，而不可取。

　　以上剖析了釋迦佛在然燈佛前於法無所得的道理，下面研究無菩薩莊嚴或發心莊嚴剎土之理。

　　「須菩提！於意云何？菩薩莊嚴佛土不？」

　　「不也，世尊！何以故？莊嚴佛土者，即非莊嚴，是名莊嚴。」

　　「須菩提！你是怎麼想的，菩薩莊嚴或建造的剎土實有存在否？」「世尊，菩薩莊嚴的剎土不存在，什麼緣故？因為所謂莊嚴佛土，非勝義中存在實有的莊嚴，而是名言中安立為莊嚴。」

　　一地到八地菩薩應清淨莊嚴剎土，八地到十地之間的大菩薩們必須要建造剎土，如釋迦牟尼佛因地做菩薩時發五百大願，其中之一即為度濁世眾生修持娑婆世界；阿彌陀佛做法藏比丘時，發四十八願，修持極樂世

《金剛般若波羅蜜經》釋

界；藥師佛也曾於因地發十二大願，修持琉璃世界。菩薩於清淨三地專門要修持自己成佛度眾的剎土，《現觀莊嚴論》中云：「如有情世間，器世未清淨，修治令清淨，即嚴淨佛土。」因此從名言角度而言，菩薩將來要莊嚴建造或者準備一個剎土，如果未修持剎土，菩薩度化眾生的誓願不可能現前。

但此處佛並非就名言發問，須菩提亦洞徹明了佛的密意，故從勝義諦作了否定的回答：所謂的莊嚴剎土實際並非莊嚴，能莊嚴的菩薩、所莊嚴的剎土、莊嚴的作業，以勝義理論抉擇法界本性時皆不存在。莊嚴的剎土真正實相中肯定不成立，如果實有存在，其必定以微塵的方式或以器世界的方式而存在，但用智慧觀察時，不生不滅恆常實有的微塵及微塵集聚所顯現的剎土並不存在。所謂的道場、剎土，完全是以自性清淨的角度建立的，現在眾生心的本性即是清淨的佛剎道場，證悟了心的空性就已經了達了諸法本來的體性，如《維摩詰所說經》云：「隨其心淨，則佛土淨。」《廣幻化網續》亦云：「若無知性自證慧，佛剎亦見惡趣處，若證勝乘等性義，惡趣亦見密嚴剎。」總而言之，最究竟是清淨自心一切戲執，得到剎土清淨，此外，沒有其他任何清淨剎土。無論琉璃世界、極樂世界、娑婆世界，這些在名言淨見量或觀現世量中暫時成立，但在真正的本來實相中，這些清淨與不清淨的剎土都不成立。猶如眾生在夢

中受痛苦，最後去了一個清新美麗的花園，在花園裡享受安樂一樣，菩薩如夢如幻地發心莊嚴清淨剎土，最後如夢如幻地現前如來果位，在不同的清淨剎土度化無量眾生，這些在名言中可以成立。但以勝義理論抉擇，一切諸法皆無有任何相狀、本空離根的無生大空性。

「是故，須菩提！諸菩薩摩訶薩，應如是生清淨心，不應住色生心，不應住聲、香、味、觸、法生心，應無所住而生其心。」

「須菩提！所以說諸大菩薩，應當生起清淨的心，既不應該對色法生執著心，也不應該於聲、香、味、觸、法生執著心，應該於無任何所緣執著的境界生起離一切邊執的清淨心。」

禪宗五祖曾對弟子要求：應當修《金剛經》、念《金剛經》，如果《金剛經》確實沒有能力念，就念「摩訶般若波羅蜜多」。般若波羅蜜多即般若度，彼岸或智慧度。智慧度裡所含攝的，般若經都包括了；般若經中有的，摩訶般若波羅蜜多一句都包括了，故五祖如此倡議。《大幻化網》云：一切諸法在名言中，煩惱即是菩提，勝義中離一切戲論，此心叫做清淨的心。發了大乘菩提心的人，平時不應被世間的貪、嗔、癡心所轉，應如理如法的生起清淨心。與之相反，依靠色法產生的心都屬於執著，如「這是白色、紅色，長方形、三角形」等都是分別執著，所以不應依色法而生心。同

理，其餘如依靠聲音產生的心，或依靠觸覺產生的心等，都是依靠外境種種因緣產生的分別心識，並無自性，能緣、所緣全都是無生空性，這是中觀甚深了義的觀點。《現觀莊嚴論》中云：「破一切執著，及名有所緣。」《中論》云：「定有則著常，定無則著斷，是故有智者，不應著有無。」真正觀察時，如《入行論》中所示：「緣合見諸物，無因則不見。虛偽如影像，彼中豈有真？」不管自心還是外境，無有能緣、所緣，一切如虛空一般，諸法本體空性與石女兒、龜毛、兔角無有任何差別，但這空性中諸法顯現不滅。此處顯空無二密要智慧已經抉擇出來了，顯空雙運智慧是最究竟的智慧。依分析可以了知，此處經文從空性方面與中觀六論所講一致，從名相方面與龍猛菩薩的《緣起讚》和彌勒菩薩的《寶性論》所述密意相同。

從另一方面理解，「應無所住」表述最甚深的無緣大空性法，「而生其心」表述光明無為法；以密宗大圓滿角度言，「應無所住」是指本來清淨，「而生其心」是指任運自成；從共同顯宗的角度理解，「應無所住」是世尊第二轉法輪的密意，「而生其心」是第三轉法輪的密意。六祖惠能大師依此句而證悟了心的本性，五祖在印證六祖所證時說：「不識本心，學法無益。若識自本心，見自本性，即名丈夫、天人師、佛。」

以上抉擇了名言中菩薩要具備莊嚴的剎土，在勝義

中並不成立。以下抉擇菩薩成佛後度化眾生所必須具備的有情世界。

「須菩提！譬如有人，身如須彌山王，於意云何？是身為大不？」

須菩提言：「甚大，世尊！何以故？佛說非身，是名大身。」

佛問：「須菩提，你是怎麼想的？若人的身體像須彌山一樣高大，這樣的身體大不大？」須菩提回答說：「世尊！是很大。為什麼呢？因勝義中諸法皆是空性，佛說的並不是實有的身體，只是名言中的大身。」

須彌山是眾山之王，按《俱舍論》的說法：須彌山高十六萬由旬，等於一百零六萬八千八百公里。有眾生的身相與此山相同，如非天阿修羅之王羅睺羅身相與須彌山大小同等，如此巨大的身體是否實有？小至螻蟻大到天王，每一個眾生都有不同的身體，在名言中假使一個眾生的身體像須彌山那麼大，觀待凡夫的分別識當然很大，而在勝義實相中一切諸法都是空性的，不存在任何實有自相法，極微塵許都不存在，四大假合的身體又怎麼會是實有呢？在一般凡夫或外道的見解中，一切法非空性而是實有。如外道加古巴承許整個器情世界的創造者是非常龐大的，有實質性身體，是堅固不變的大尊主。佛陀為破除凡夫與外道的各種實有執著，特發此問。須菩提深明佛意，從名言與勝義兩方面作了回答：

名言中有所謂的大身，真正觀察時，其唯依五蘊假合而形成，所謂的「大」是不存在的。

　　地球上現今最高的人據說是一個黑人，也不過三米高，相比而言，須彌山那樣高大的身體當然非常大。但佛陀所說的身體，在勝義中並不可能存在。樂行法師在其《金剛經釋要》中云：「人身長大，即為非大。」即所謂人的身體長大並非真實的大，因為人的身體是微塵組成的，除各各微塵外並無一個自相實有身體。所謂的身體，只不過是人們以分別心識所建立的一種名言假象，如《入行論》云：「是故聰智者，誰貪如夢身？」夢中可見高大的身相，如夢如幻中也可以現量看到須彌山般的高大身體，如伏藏大師列繞朗巴在色達佛塔處，即看到過身體像三四層樓高的聖尊。但就真實法性而言，夢中的身體醒來時即知並非真實；世俗中顯現的法在了達勝義時即知其也不是真實，只不過是由眾生迷亂意識分別所立。《龍王請問經》中云：「何法緣生則不生，諸法不生皆空性。」任何法如果是因緣而生，則不會產生，諸法不生即諸法都是無生大空性。眾生的身體是因緣而生，因緣而生則無自性，故必定是空性。在勝義中因緣所生的有情世界也是空性，因此佛說非身。世親論師說：依靠勝義諦，身體與剎土微塵許也不存在；依靠名言諦，未觀察時如夢如幻的身體是應該承認的，剎土也存在。

此「身如須彌」之喻明示三界輪迴中所有眾生的身體是不存在的，身體不存在，其他的如吃飯、睡覺也就無從談起了，一切都是如幻如夢……

「須菩提！如恒河中所有沙數，如是沙等恒河，於意云何？是諸恒河沙寧為多不？」

須菩提言：「甚多。世尊！但諸恒河尚多無數，何況其沙。」

「須菩提！我今實言告汝，若有善男子，善女人，以七寶滿爾所恒河沙數三千大千世界，以用布施，得福多不？」

須菩提言：「甚多，世尊。」

佛告須菩提：「若善男子、善女人，於此經中，乃至受持四句偈等，為他人說，而此福德，勝前福德。」

佛問：「須菩提，像恒河中所有沙子數量那麼多的恒河，所有這些河中所有的沙多不多？」須菩提回答：「非常多，僅僅這些恒河已多得無可計數，何況所有河中的沙子的數量，更無法估算。一條恒河中的沙子多不可數，像一條恒河中所有沙數那麼多的恒河，已很難用數字來衡量，而彼等之中的沙數更是多得無法想像。」

見所化機緣成熟，世尊說：「我今天實實在在地以真實語宣說財法二施的差別。如果有信仰佛法行持十善的人，用遍滿上述所有恒河沙數三千大千世界七寶作布施，其如是布施的福德大不大？多不多？」須菩提回

答：「世尊，非常多。」

　　世尊告訴須菩提：「如果善男子、善女人持誦《金剛經》，乃至受持經中僅四句偈，為他人宣說，其功德遠遠超過前面所說以滿恒河沙數三千大千世界的七寶作布施的福德。」

　　本經前一段以三千大千世界為喻，現在又更深一層，以恒河沙數的三千大千世界為喻說明法布施的福德非常多。

　　恒河在佛經中經常出現，一般用作比喻。在地理上，它是亞洲的大河流之一，上游在西藏，其源頭是一個形似大象的山口，從大象口中吐出股股清泉，中途匯集百川，經過印度、孟加拉國進入印度洋。印度人民對恒河有著深厚的感情，聲明學家認為喝恒河水可以開啟智慧，裸形外道認為在恒河中沐浴可清淨罪障。法王如意寶去印度時特意遊覽了恒河，見到恒河沙與海沙並無區別，有些地方看不見沙，有些地方沙子特別多，河中有裸形外道在沐浴。詞藻學中有關於恒河的一個美麗的故事：梵天專門派一位天女下到人間，秀麗的天女以美女的樣子不好意思來人間，故以河流方式從匝賀仙人的頭髮裡出來了。所以恒河在詩詞中，常被稱為「梵天美女」或「天河」。

　　藏傳佛教裡有一位名為久尼夏智的大德，13世紀人。他說：佛經中所說的恒河沙有兩種解釋方法，一指

恒河岸邊的沙子，二指大海邊的沙子。恒河中的沙非常多，而恒河沙數量的恒河中的沙子更不可思議，將恒河沙數三千大千世界遍滿七寶作布施，其功德超出一般人的想像。《大悲白蓮花經》中云：「觀想佛若僅向空中散一朵花，其善根以我善逝佛的智慧也難以衡量宣說。」《寶鬘論》云：「施乞雖不念，後世獲百倍。」何況恒河沙的三千大千世界遍滿七寶布施的功德。佛經的精華是般若智慧，智慧波羅蜜是遣除眾生無明黑暗的唯一根本因，《澄清寶珠論》引用教證云：「須菩提，所有江河，入於恒河大江，彼等隨同恒河而入大海，須菩提，如是五波羅蜜多亦如是，若以智慧波羅蜜多攝持，則至一切智智位也。」現在世間人以財富為滿足，財布施暫時能給予他人安樂，並且只能使人今生吃飽穿暖，卻不能令心獲得解脫勝妙安樂，若從精神上給他以法布施，真正能遣除無明使其滿足。

世間人執著財施而不重法施，而此處佛以這樣一個比喻來說明法與法施功德不可思議。世親論師將此經的功德歸納為四方面：一、獲得廣大福德，即持誦此經遠遠勝過作廣大財布施的福德；二、能做難事，將三千大千世界遍布七寶作布施，凡夫很難以做到，或者說根本辦不到的事情，然而念一遍《金剛經》，凡夫也能夠成辦，並且福德超勝於彼；三、持誦此經諸天恭敬；四、等同佛身，即持誦此經之人與佛的身體一模一樣。此處

解說了前二種功德，後二功德將於下文中詳細分析。

　　持誦此經有不可思議無量功德，這是一種不可思議的緣起力所致。依靠佛和佛經為緣起作功德，其果報不可思議，從一個小小的事情上也獲得非常大的功德，如《地藏經》云：「未來世中若有善男子善女人，於佛法中所種善根，或布施供養或修補塔寺或裝理經典，乃至一毛一塵一沙一渧，如是善事但能迴向法界，是人功德百千生中受上妙樂。」善男善女在佛法中種下一個小小的善根，哪怕毛髮許、微塵許，僅如此微小的善根所得功德亦無法比喻。《佛陀種姓經》中云：「於導師佛陀，雖作微小事，轉種種善趣，後獲菩提果。」

　　唐朝時，有一人持誦《金剛經》，一次他得了麻瘋病，身體一塊一塊糜爛，無人照管，家人不得不把他捨棄，放到寂靜的山林中。非常難過的他絕望痛苦至極，這時來了一隻老虎，他特別害怕，忽然想起《金剛經》中的四句偈，便閉起眼睛一直念誦。老虎走到他前面，用舌頭舔他的傷口，他更加害怕，渾身顫抖。不一會，老虎走了，他睜開眼睛時發現傷口完全痊癒。僅僅念了四句偈也能遣除痛苦，最終必將如《佛陀種姓經》所說，其能獲得菩提的果位。佛的金剛語無有虛妄，有緣者對於持誦《金剛經》的功德不應小看，應受持讀誦，廣宣流布。

　　「復次，須菩提！隨說是經，乃至四句偈等，當知

此處，一切世間天、人、阿修羅，皆應供養，如佛塔廟，何況有人盡能受持、讀誦。須菩提！當知是人成就最上第一希有之法；若是經典所在之處，即為有佛，若尊重弟子。」

「任何一個人隨時隨地能說此經，能持誦此經，不說整部經，甚至僅能念誦經中一個四句偈，應該知道此地已變成一切世間、天、人、阿修羅供養的對境，他們會像對佛塔、佛的殿堂一樣恭敬供養，更何況能具足受持、讀誦全經者呢！當知其人成就最無上的希有法要，而且哪裡有此經典，那裡就有佛陀、有四眾弟子，就已成為佛與菩薩所居的聖地。」

此處字面意思非常簡單，但真正的內涵不容易被理解和接受，特別是有些人對佛經和論典不太精通，容易對經義產生懷疑，「如為什麼此經所在之地佛陀即在那裡？為什麼念誦的人同佛塔、佛廟一樣呢？」等等。

用經論教證詳細分析開顯義理時，「隨說是經」一句有多種解釋方法。漢地法師解釋為隨時隨地，即不管什麼身分的人，出家人還是在家人，凡是讀誦或者宣說，甚至僅僅為他人宣講一個四句偈，那麼他所在的地方是一切天龍夜叉所供養、恭敬的地方，就像佛塔一樣。依藏文本解釋：不管什麼人，自己念誦或為他人宣說這部經，乃至經中四句偈，此地天龍夜叉皆會恭敬供養。恭敬的對境可以從兩方面理解：將宣說《金剛經》

的地方，當作佛塔來供養恭敬；或者將宣說《金剛經》的人，當作佛的塔廟來恭敬。

唐朝時期，某公一向清貧，後見一處非常廣闊清淨的地方，內心生起歡喜心，於是在地上抄寫《金剛經》。從此以後眾天人日夜守護此地。年深日久，經文的字跡已消逝不現，但每當雨雪，四方皆被雨淋時，唯有此地旱然無雨，地方鄉民常至此處避雨。當時有一位得道的和尚入定觀察後，知道曾有人於此處書寫《金剛經》，天人保護此地故不為雨淋，村民無知踐踏經文會造極重惡業。僧人知此因緣後，勸阻鄉里無論以後下再大的雨，亦不可到此處躲雨，踐踏經文。誠如佛陀所說，此經所在之處及念誦受持者，天人會日夜予以保護，誠心誠意念誦的人，非人邪魔外道不會造違緣。

本經所宣示的般若空性，是一切諸佛及諸佛阿耨多羅三藐三菩提的出生處。另一方面如《極樂願文大疏》中所引用教證云：「末法五百世，我現文字相，觀想彼為吾，爾時當恭敬。」既然釋迦佛以文字形象住世，以文字形象利益眾生，經文即是佛陀；再者如《大乘密嚴經》中所示：誰能持誦或攜帶密嚴經，造五無間罪也能清除，念誦、持誦者已變成真實的佛塔，供養處，持誦《大乘密嚴經》的人不管在哪裡與真實佛塔無有差別。凡是持誦《般若波羅蜜多經》者與佛的形象無二無別，實際是佛的化身，為佛所遣之使。《妙法蓮華經》云：

「若是善男子，善女人，我滅度後，能竊為一人說法華經，乃至一句，當知是人，則如來使，如來所遣，行如來事。」受持、讀誦者可能心生詫異：不可能，我不是如來派來的。但佛已於經中明示，依《法華經》所述，隨便僅為他人說四句偈也是如來派遣，行如來事，所有天、非天、人、非人值得恭敬，因此《般若波羅蜜多經》與佛塔、佛廟無有差別。一位尊者在教言中說：在一個人的家裡，如果有《般若經》、佛塔、佛像，他的家已經成為真實的佛堂。古代人有將此經繫帶在身上，多有感應功德。唐朝時期，某人將《金剛經》裝入口袋帶在身上，很多魔眾危害他無法得逞，一次怨敵射箭時，雖然射中心間卻未穿入受傷。通過以上教證公案可使人了知：念誦《般若波羅蜜多經》，能憶念佛陀，則佛陀已在其人身邊，故說持誦《般若波羅蜜多經》的人與佛塔、佛廟無有差別，甚至僅念其中四句偈，也有不可思議無量功德。《三昧王經》中說過：「何人憶念佛，彼人佛所在。」

　　唐玄奘大師所譯「受持、讀誦、究竟通利，及廣為他宣說、開示、如理作意」與藏文較相合，而義淨與羅什大師所譯基本相同，羅什大師譯本上只說讀誦和受持，義淨三藏本裡只有受持。「究竟通利」即究竟圓滿通達本經所有的意義道理。為人諷誦、受持、書寫，能真正成就最無上微妙之法，若於此經內容究竟通達、如

《金剛般若波羅蜜經》釋

70

理作意、恭敬持誦，功德更是不可思議。漢地有些講義中是分開講「受持」之義，受是完全領會密意，持是正念密意不忘。般若四句偈的意義即是諸佛法身，圓滿了般若的功德，憨山大師的《決疑解》中亦云：「以此四偈，即法身全體故。」念四句偈有如是功德，那麼精通此經所有意思並受持、繕寫的功德更無法思量分別。所以，漢地的高僧大德自古以來對此經非常重視，如六祖的第三傳弟子大顛禪師一生中曾抄寫1500卷《金剛經》，30部《法華經》。受持、讀誦、圓滿精通經義者能成就最無上的希有之法，能現世獲得如來正等覺的果位，如水裡蓮花火裡生一般，非常希有罕見。業障深重的凡夫眾生，依靠般若經即生能獲得無上圓滿的佛果，或者往生極樂世界，若此不希有則更無有可稱希有之事。

　　此經所在之處，必定有佛，一方面經典是佛顯現作文字的形象，另一方面在《般若經》云：「般若所在之處，十方諸佛常在其中，故欲供養佛，當供養般若，般若與佛無二無別。」與此相同，般若就是佛的智慧，佛就是般若，二者無二無別。藏文本中此處譯為「若是經典所在之處，即為有佛，即為有上師」。佛在世時，般若所在的地方，釋迦佛也在那裡，佛涅槃後般若所在的地方，是能為所有眾生指路的人天眼目——高僧大德善知識駐足之處，真正的佛之道場也在那裡。因由善知識

引導而入經義，師即是經，經即是師。

爾時，須菩提白佛言：「世尊！當何名此經？我等云何奉持？」

佛告須菩提：「是經名為金剛般若波羅蜜，以是名字，汝當奉持。所以者何？須菩提！佛說般若波羅蜜，即非般若波羅蜜。須菩提！於意云何？如來有所說法不？」

須菩提白佛言：「世尊！如來無所說。」

爾時，須菩提請問世尊：「應該怎樣給這部經命名？ 在座及未來世有緣者怎樣信受奉持呢？」世尊將這部經立名為《金剛般若波羅蜜經》，並咐囑應當以此經名而信奉受持。為什麼要用此名呢？因為佛陀所說的般若波羅蜜，並不是實有的般若波羅蜜，而在名相上稱之為般若波羅蜜。為根除對法相的實執，世尊又提問須菩提：「有沒有如來所說的法？」須菩提如實回答：「勝義中如來並未說過任何法。」

經典不同於論典，一次只講一個問題，經典有自己的特點，其含義就像珍寶倉庫一樣。珍寶庫裡有金、銀、珊瑚等豐富多彩琳琅滿目的各種珍寶堆積在一起，取寶時，首先拿貴重的如意寶，再拿寶石、金、銀等。經典內容也如珍寶雜在一起，後來高僧大德作論典時，有必要將經典中的內容如取珍寶般次第歸納、結合在一起。佛弟子結集經藏時，並未像寫文章事先考慮次第順

《金剛般若波羅蜜經》釋

序，而是忠實匯錄佛與弟子的言行。此經所記錄的，是須菩提先提問題，然後佛陀說法，形式上是這樣。內容方面，佛經每一個問題都有凡夫難以揣度的不同密意。佛陀有目的為弟子們闡述，比如上面講身體像須彌山大，是針對某些對身體執著的弟子而言;又問世界是不是廣大，是針對於世界有實執的弟子而宣說。

對於命名的原因，久尼夏智大師認為：佛在世時外道也有多種相似的論典，為了與外道的論典區分開，使後學依經名入門研究修學，故而立名；若無名稱則無法趣入，所以將此經取名為《金剛經》。對於須菩提的提問，佛以其深廣如海的智慧結合眾生根基作了回答。凡夫人說話辦事大部分都是隨隨便便、恣情任性，小乘聖者有時也會有非語之說。《俱舍論》中舉例說，阿羅漢未如律觀察思維時，也會隨便亂說話，信口開河。不離等持時，阿羅漢的行為如法如律，可當他不注意的時候偶爾也會顛倒言行，有時還會哈哈大笑。但佛的一舉一動，一言一行皆為利益眾生，皆有不共的密意，如《四百論》中云：「諸佛所動作，都非無因緣，乃至出入息，亦為利有情。」

藏文此經之名與義淨法師譯名皆為《能斷金剛般若波羅蜜多經》，以此名令後學得以受持、讀誦、書寫。《大智度論》第四十五卷中云：「一切結使煩惱所不能動，譬如金剛山不為風所傾搖..諸蟲來齧，無所虧

73

損，是名金剛心。」唐代的高僧大德謂「般若」是「智慧」，《六祖壇經》中云：「何名波羅蜜？此是西國語，唐言到彼岸。」西國語指的是印度語，印度梵語「般若波羅蜜多」譯為漢文即「智慧到彼岸」。「到彼岸」有兩種解釋方法，即道智慧和果智慧。從道智慧方面而言，彼岸即是現在我們所修的般若波羅蜜多智慧，正在趨向果智慧；從佛地的果智慧而言，證悟般若實相就已經真實達到佛的智慧彼岸。般若類別又可以分三種或四種，印度法友論師的《現觀莊嚴論釋》云：般若分文字般若、自性般若、道般若、果般若。薩迦派果仁巴大師根據陳那論師的「智慧即無二，道文亦立名」，將般若分為道般若、文字般若、果般若三種，其中最究竟的果般若智能是秘密實相，道般若和文字般若是相似般若，雖然可以稱般若的名字，但不是最究竟的般若。薩迦派認為文字般若與道般若是一地到十地時菩薩相續中的智慧，故稱為相似般若，真正了義的實相般若是佛的圓滿智慧。宗喀巴大師在《現觀莊嚴論注釋·金鬘疏》中又將般若分為基般若、果般若、道般若和文字般若，其中道般若和文字般若是相似般若，果般若和基般若是實相般若。寧瑪派的華智仁波切在《現觀莊嚴論總義》中也如此分類。全知麥彭仁波切在《現觀莊嚴論釋》中隨印度法友論師的觀點而分類，並且認為不管依哪一種方式解釋般若之意，真正理解時，應知最究竟的般若就

《金剛般若波羅蜜經》釋

74

是佛果，是佛智慧所到達的了義涅槃境界。

　　世界上的邪門外道及無宗派者，根本不願意也無緣聽聞般若法門。有一部分內道信徒雖然已有緣聽聞，但對般若空性生起了怖畏和恐懼。只有那些因緣成熟，正處於道位者是般若空性的法器。所以在諸多經典中，為引導眾生捨棄邪執、趨入般若究竟境界，佛陀宣說了般若波羅蜜多。所謂的般若波羅蜜多，暫時在名言顯現前可以如是解釋，但是以勝義理論抉擇衡量時，般若波羅蜜多空性法無垢無淨，遠離染污迷亂無有任何相。如《華嚴經》云：「本性清淨，無染無亂。」在勝義諦中，般若度的是與非，暫時與究竟，到彼岸的分別都不存在；　世俗角度萬法是緣起顯現，因此可以立名為般若波羅蜜多。為令成千上萬無量眾生到達最究竟的般若境界，證悟一切諸法本面空性，佛陀也顯示成道、轉法輪、涅槃等十二相。

　　所謂如來所說的法是否存在？前面已研究過，在此再述有不共的意義。因現前正在講第二轉法輪的般若空性——無相法門，佛陀用最究竟的智慧作衡量，諸法本來清淨，在名言中廣轉法輪等全部不成立。須菩提已完全證悟、理解佛法隱含的密意，因此以自己所理解的實相來回答：如來無所說法。《維摩詰經》云：從真正實相來說，如來所說的法無任何相狀，亦無任何所言，遠離諸相、無有染污。因此如果真正去執著如來所說的

金剛經釋

75

法則非究竟，如經中所云：「我已成如來，未說一字法。」而暫時針對眾生的不同根基，佛說種種的法以作引導，這觀待凡夫眾生全部可以承認為有。

「須菩提！於意云何？三千大千世界所有微塵，是為多不？」

須菩提言：「甚多，世尊！」

「須菩提，諸微塵，如來說非微塵，是名微塵，如來說世界，非世界，是名世界。」

世尊說：「須菩提，你是怎麼想的，三千大千世界的微塵是不是很多？」須菩提說：「微塵非常多。」佛告訴須菩提：「應當了知所有微塵，勝義中並非存在，只是名字上假立的微塵。如來也已經說過所謂的世界，並非實有世界，以不是世界的緣故可以立名為世界。」

此處以微塵和世界之間的差別來抉擇諸法空性。這些玄奧的義理對於不懂勝義和名言的人來講，就像不了解《心經》中「色即是空，空即是色」一樣，認為這是明顯的矛盾。眾所周知，三千大千世界有無量的微塵，在凡夫眾生的心識前無欺存在。在顯現方面也可以這樣承認：三千大千世界的一團泥土都有無數的微塵，整個大千世界的微塵數更是非常龐大，無法衡量。須菩提以阿羅漢的身分，故此時作了如是回答。依中觀見，小乘阿羅漢只證悟了人無我和部分法無我，而未通達無分微塵和無分剎那的空性，所以須菩提此處好像未了解佛的

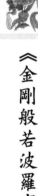

《金剛般若波羅蜜經》釋

76

密意。對於世人而言，整個世界的微塵無處不在，周圍隨時有接觸微塵的機會。刮大風時，室內室外，鍋內、佛像上都有大量微塵現見，所以世人對微塵的常有執著非常嚴重。為使此執著染污消除，世尊說：從勝義中諦來觀察，無分微塵與眾生所見到的無數微塵一樣，都是名言假立，而非實質性具有微塵，無論無方微塵還是有方微塵都不成立。

金剛經釋

微塵如果有東方，必須有東方的一分，但微塵如果可分，應不是無方分微塵，而成了有方分微塵。有方分微塵也不成立，因為有方分的就是因緣法，因緣法即是無常剎那變化的非實法，無實之故僅能成立微塵為無自性的顯現。《中觀四百論》亦云：「微若有東方，必有東方分，極微若有分，如何是極微？」未觀察時顯現有種種微塵，但詳細觀察後實際沒有任何微塵成立，因此世尊說：微塵實際上並不是真正的微塵，如果是真實恆常的微塵，則任何人不論怎樣以理觀察也破除不了，一定恆常實有存在，正因為微塵是眾生的迷亂顯現，非實有故，所以觀察可以破除這方面的實執。又云：「若實有所做，此法非能滅。」諸法本性空，而「非不空觀空」，了知此理可以破除人們對諸法的實有執著，將能取所取消於法界。

在顯現此境界之前，雖知諸法本空，因尚未滅盡二取故，緣起顯現不滅，微塵還是於己有害，如果微塵落

到眼睛裡或火星碰到手時，還是會感受痛苦，還是不空。因此，二取未消於法界前，微塵還是依名言而存在，是名微塵即是此意。既然微塵是名言假立法，則由微塵組成的世界也就不是真正的世界。《華嚴經》云：「三千大千界，以無量因緣，乃成一切眾，起外此而別，非有世界耶？」或者說「一塵中有塵數剎」，一微塵中有微塵數之多的世界、剎土，若微塵真有本性存在，怎麼能容納如此不可計數的剎土？

以上抉擇了勝義中小到微塵，大到世界皆不存在，從而破除了眾生對大小事物的實有執著。以下破如來相之實有。

「須菩提！於意云何？可以三十二相見如來不？」

「不也。世尊！不可以三十二相得見如來。何以故？如來說三十二相，即是非相，是名三十二相。」

世尊問須菩提：「你是怎麼想的，能否以見佛陀三十二莊嚴身相而認為已見到真正的如來？」須菩提回答說：「世尊，不能以佛的三十二相見到如來，因為如來所說三十二相，以理觀察時，色法形成的肉身並不是如來的真相，只是在名言中以佛的頂髻、白毫等如來的色身標誌假名為三十二相。」

眾生無始以來流轉輪迴，其根本即是將五蘊假合的身體執著為我，由我執生起我所的執著，又由執著分別各異而形成各自不同習氣，因而不同眾生前顯現的境界

也有差異。凡夫面前有各種不清淨的五蘊顯現，菩薩和聖者面前顯現的是清淨法相。外道本師見世尊具足十八種醜相，聖者迦葉看到世尊具有三十二相，八十隨好。一些見識淺薄者學了一些佛法未曾深解，便認為：佛經過多生累劫修積布施、持戒、忍辱等資糧形成種種功德，如四無畏、十力、十八不共法、三十二相應該不空，這是最殊勝了義不空的勝義法。就名言量而言，這種說法合乎情理，因為因緣和合時諸法皆可無欺顯現，並且確實存有清淨與不清淨的差別；但在勝義理觀察時，不僅不清淨的輪迴是空性，而且清淨的三十二相，如來藏光明也是無實有的空性法。因此佛特發此問，破除眾生無始劫以來執著勝義中有清淨佛身的非理習氣。三十二相在《大智度論》、《現觀莊嚴論》、《智者入門》、《中觀寶鬘論》中都有廣述，在此不一一介紹。在實相本面角度抉擇時，見三十二相並不是見真正的如來，法報化三身，佛陀自性具足，其中色身有化身和報身之分，化身又分各類。釋迦牟尼佛是殊勝化身，具足三十二相，然而此色相並非真正的善逝。《般若八千頌》云：「得色身者並非善逝，得法身者乃為善逝。」《大般若波羅蜜多經》云：「一切如來應正等覺，不可以色身見，夫如來者即是法身。善男子，如來法身即是諸法真如法界。」在還未清淨煩惱分別念的迷亂眾生前雖然可以顯現佛陀轉法輪等現象，但實相之諸佛法身不

可思量，不可言說，無形無色，非實非虛，如《華嚴經》云：「諸佛法身不思議，無色無形無影像。」

「須菩提！若有善男子，善女人，以恒河沙等身命布施，若復有人，於此經中，乃至受持四句偈等，為他人說，其福甚多！」

佛又說：「如果有善男子、善女人以恒河沙數身體和生命作大布施，功德當然非常殊勝，但如果有人念誦受持《金剛經》，甚至只受持四句偈，為別人解說，此功德較前功德更為殊勝。」

本經所述每種功德重點不同，此處是以身布施與法相比較。生命和身體布施是大布施，以身布施已屬難能可貴，以恒河沙數布施身命功德更不可思議，遠遠勝過本經前面兩次提到的以滿三千大千世界七寶布施之功德。往昔，世尊轉生為樂善好施的月光國王時，一婆羅門聞名而至，告訴他：「一切外物布施功德不是很大，以肉身作布施功德非常圓滿，你應該將身體布施給我。」後來月光菩薩在鹿野苑布施身體給婆羅門時，他說：「在這棵樹下，我已用身體布施供養過九百九十九次，這是第一千次。」

身布施的功德大，是因為眾生至愛者莫過於生命，但是這樣苦行的功德還是不如布施四句偈的功德。久尼夏智說：受持四句偈是從了義究竟通達其義而講，並不是指三心二意隨便念一念經，通達經義後為他人宣講才

《金剛般若波羅蜜經》釋

會有很大的功德。所謂的受持，分形象上的受持和真實受持兩種。形象受持即每天拿著經本，口頭表面念「一切有為法，如夢幻泡影」，分別念則胡思亂想，僅表面受持是影子的善法，這種功德不可能超過聖者千百次以身命布施的功德。真實的受持是完全通達內涵後傳授他人，六祖也說：一心念誦《金剛經》能斷我執，斷除妄想。於此藏漢大德所解不謀而合，因此應當了知若真正通達此經之義，則可以斷除人我執和法我執，斷除一切妄想，當下成佛，以此千劫身命布施比不上念誦這部經的功德大。如果有口無心地念一念，覺得比別人做大供養的功德殊勝，這是依文不依義的顛倒錯解。世尊為使更多眾生趣入此經，而以受持、通達、繕寫、如理作意等方便宣說。

現在不論在家還是出家人誦經時，很少有人對經義如理作意，甚至有人根本不懂得經義，這樣便不可能如理作意。如果不了知關鍵應通達般若法的本義，未真正通達真實內涵如理作意，只是表面上念經無疑不能圓滿獲得持經的功德。經文的受持作意有種種差別，自相續生起清淨心後，究竟通達經義極為重要。所以，受持經時應依教理通達經的本義，如法受持、如理作意才能自利利人。

爾時，須菩提聞說是經，深解義趣，涕淚悲泣，而白佛言：「希有！世尊。佛說如是甚深經典，我從昔來

所得慧眼，未曾得聞如是之經。」

這時，須菩提聽到此經及其功德，深深了悟了此經的密意，涕淚俱下，對佛陳白：「世尊！太希有了，您所說的如此意義深妙的經典，我自從見道得慧眼以來，未聽聞過如此殊勝的法要。」

須菩提已深深了解般若的密意，所以熱淚盈盈。此處須菩提涕淚悲泣的原因有二：一方面聽聞此經及其不可思議的功德後了悟諸法實相，通達空性，遠離一切虛妄之相，從而內心深處生起極大歡喜，喜極而泣。如同空性法器的異生聽到空性時一樣，如《入中論》云：「若異生位聞空性，內心數數發歡喜，由喜引生淚流注，周身汗毛自動豎。」須菩提既是空性法的法器，也了達空性，所以聽聞後會有如此強烈的反應。另一方面，無始以來流轉六道輪迴，今日才以佛的恩德得聞並了悟此殊勝法要，雖自慶幸，但三界火宅中的老母有情並未通達此理，還為貪嗔癡三毒所束縛，在無邊的輪迴苦海中生死浮沉，無有盡頭，以此生起悲心而落淚。《佛子行》云：「無始時來慈我者，諸母若苦自何樂，是故為度無邊眾，發菩提心佛子行。」當時須菩提因對有情生起大悲心不能自禁以至悲淚橫流。佛法難聞，般若法更是難遇難求，如今在十幾億人口的泱泱大國中，大多數民眾根本無緣見聞，甚至有人毀謗焚燒《金剛經》，善良的人誰能抑制大悲的淚水！

空性法可使凡夫相續種下善根，斷除生死輪迴，遣除一切迷亂顯現，一般的法門則無有如是功德，所以須菩提感歎此法希有。藏文譯為「希奇、希有，希有、希奇」，玄奘大師譯為「甚奇希有！世尊！最極希有！善逝！」以表感歎此經文非常殊勝前所未聞之意。

小乘得預流果時即可獲得慧眼，《俱舍》中詳細解釋了慧眼的功德。一般凡夫肉眼只能看色法，而聖者慧眼具有能見眾生的心、聽到眾生的聲音、辨別法與非法等諸多功德。須菩提從得到慧眼以來都未聽聞過如此意趣甚深的經典，由此可見，阿羅漢並未完全了解甚深空性。《宣說二諦經》云：經說聲緣微無我，如蟲食芥粒內空。又經云：聲聞所證空性如牛蹄跡中之水，菩薩所證空性如大海之水廣大。初發心菩薩雖然未證悟二無我空性，但由生如來法王家族，以菩提心及大悲力，亦能超勝一切久修梵行聲緣羅漢。嘎瑪拉希拉也認為，從此段經文可以推知聲聞緣覺並未通達一切最甚深究竟的空性。

「世尊！若復有人，得聞是經，信心清淨，則生實相，當知是人，成就第一希有功德。」

須菩提說：「如果有人聽到此經，生起極為清淨的信心，即能證悟諸法實相，應該知道此人已真正獲得了最殊勝希有的成就。」

成辦了今生的瑣事以及名聞利養等並非希有，了知

般若功德殊勝，斷除疑惑染污的過失，生起清淨的信心，堪稱真正希有。不見有一物可得，其相續一定會生起實相——即究竟了義的證悟境界，依信心生起清淨證悟即是真正希有成就功德。

信心是一切道之來源，一切功德的來源。有清淨信心，則相續中一定會生起實相智慧，此人必定成就最希有的功德。彌勒菩薩云：「唯有淨信心，證悟勝義諦。」《華嚴經》云：「信為道源功德母。」蓮花生大師說：「具有堅信得加持，若離疑心成所願。」

喇拉曲智仁波切說：世間人有一點財富覺得很了不起，其實沒什麼可自以為是的，在佛法上有證悟境界才是真正的了不起，這才是真正希有的功德。因此修行人應時時觀察自心調伏煩惱，結交對上師三寶有清淨信心、有一定證悟境界的人為道友，才能獲得共不共的成就。有人認為自己已擁有世間成就和神通便忘乎所以，自視甚高，但這並不是成就，外道同樣也可以得到四禪五通。如果在自相續中對《金剛經》生起清淨信心，現前證悟諸法實相，才是真正的了不起，成就最希有的功德。通過修學般若法門，通達甚深緣起性空，生起如六祖聞此經後所生的信心和所得的境界，這才是真正世間希有。

「世尊！是實相者，則是非相，是故如來說名實相。」

「世尊，實相在勝義中即不是相，因而如來說在名言中假名為實相。」

藏譯和唐譯中，此句前具有「何以故」之文，即為什麼一個人證悟實相是第一希有呢？因為實相，並非是真正有一實有的可執著之相，久尼夏智說：「無有任何相的境界才是真正的實相。」凡夫人經常為貪嗔癡束縛遮蔽，妄執諸法實有。真正有證悟境界的人對相狀不執著為相，了知不論有的相狀、無的相狀都非究竟之相，無有任何相狀才是實相。《大般若經》云：大菩薩行持般若波羅蜜多時，於諸法皆無相，無有憶念，無有作意。《中論》第五品云：「淺智見諸法，若有若無相，是則不能見，滅見安隱法。」淺薄之人見到諸法有相或無相，都不是真正見到實相。《中觀四百論》云：「愚夫妄分別，謂空等為常，智者依世間，亦不見此義。」中觀所講離八邊的境界，在勝義諦中遠離一切有無戲論，所有的相都不存在。《入中論》中云：「若有色無色，有為無為法，如是一切法，由彼性離空，變礙等無性，是為自相空。」《入菩薩行·智慧品》中云：「以析空性心，究彼空性時，若複究空智，應成無窮過。悟明所析空，理智無所依。無依故不生，說此即涅槃。」意為如果證悟了諸法無生無滅的大空本性，此時能分析的理智無有所依無有所緣，則能分析的理智也無從生起，如波濤入海，滅盡一切戲論即是涅槃實相。

「世尊！我今得聞如是經典，信解受持不足為難，若當來世，後五百歲，其有眾生，得聞是經，信解受持，是人則為第一希有。」

「世尊，我現在聽聞這樣的經典，生起信心，理解其義受持此經不算難得希有，最極希有難得的是在末法五百年時，有人聽到這部經並且生起信解、受持，此人才是非常希有難得。」

世尊在世時佛法非常興盛，而且是果法時期，修行人得果現象較多，聞法即證果者比比皆是。須菩提是釋迦牟尼佛眾多弟子中了悟空性正見的大弟子，無論從根基、時代哪方面觀察，他能聽聞空性法門並不算真正難得、希有。另一方面，依嘎瑪拉希拉的觀點，聲聞僅證悟部分空性，因此須菩提當時聽聞這部經後所證悟的空性境界並未究竟，他對空性法的這種相遇並不感到很希有。未來的菩薩們依此經完全證悟空性，確確實實令人感到難得希有。禪宗大德經常把證悟分成解悟和證悟兩方面，解悟是理解方面的開悟，證悟是真正現見諸法實相，解悟常出現，而證悟則很困難。聲聞只是在理解方面有一些證相，而未證悟一切法的本來空性；而將來的大菩薩依般若法，得已完全證悟空性。小乘羅漢證悟的空性範圍很渺小，菩薩所證悟的範圍廣大無垠，《大般涅槃經》云：「須陀洹人、斯陀含人，斷少煩惱，佛性如乳；阿那含人，佛性如酪；阿羅漢人，猶如生酥；

從辟支佛至十住菩薩，猶如熟酥；如來佛性，猶如醍醐。」

　　佛在世時佛法昌盛，佛涅槃後五百年佛法也較為興盛，過此五百年以後，即成了末法，五百年實際不僅僅只表示五百年，還可以包括許多個五百年。對於佛法興盛和隱滅有不同的說法，有些經典說佛法有隱沒和興盛的時候，有些經典說真正的佛法並無有隱沒、毀滅的時候。當代高僧廣欽上人說：「佛法未衰微，人心確在衰微。」《時輪金剛》中說：所謂的佛法隱沒，只不過是在一個地方顯示滅盡，而真正度化眾生的佛法並不滅盡，就如同太陽日夜旋轉，光照一方時，其他的地方就會變成黑暗。佛法也是如此，在一個地方興盛後，因緣成熟又遷移到另一個地方。在究竟了義的實相中佛陀永遠不會有滅度，佛法也永遠無滅盡之時，顯宗中的一些了義經典如《不可思議經》中云：「佛陀無滅度，佛法恆住世。」《涅槃經》中也有如是宣說。末法五百年，如今許多道場裡依然保持聞思實修弘揚正法，說明所說末法五百年，只不過是在某些對境前顯示佛法的興盛和衰敗。

　　久尼夏智引用龍猛菩薩的教證云：「知此諸法空性已，一切業果依緣起，希有又此極希有，希奇又此極希奇。」佛在世時聽聞般若空性深義並非希有，佛入涅槃後，末法時代五濁（劫濁、見濁、煩惱濁、眾生濁、命濁）興盛

之時，　有人依此經深解般若義理真正證悟了空性，這種人才真正希有。由於智慧見識的差異，世間人認為獲得名聲財富或地位非常希有，有智者對此則不以為然。同樣，修密法者，六月成就也是希有難得的，如法王如意寶在《勝利道歌》中云：「甚深光明大圓滿，僅聞詞句斷有根，　六月修要得解脫，唯此銘刻於心中。」在末法時期如理如法行持的人越來越少，有人以上師三寶的加持，領受甘露法味，獲得了金剛般若波羅蜜多智慧，此為第一希有。口頭上誇誇其談咬文嚼字無任何實義，使法入於心並獲得真實的證相確實是難得、希有的功德。

「何以故？此人無我相、人相、眾生相、壽者相。」

「為什麼呢？此人已無有我相、人相、眾生相、壽者相的相狀執著。」

三界眾生始終解不開煩惱的原因就是有我相，如果通過聞思修行獲得證悟，遠離四相則能擺脫輪迴的極大痛苦。有的人聽到般若法後當下斷除我執，有的人雖未當下斷除，但能通過數數聞思般若空性，逐漸減弱乃至斷盡我執。因此，般若空性法的功德不可思議。

四相可以用另一種方式解釋：對我的執著為我相；對其他人的執著為人相；除了人相以外，整個三千大千世界有多少眾生，類似的觀念是對眾生的執著，稱為眾生相；每個人對自己的壽命都很關心，這種對壽命的執

《金剛般若波羅蜜經》釋

著稱為壽者相。若徹悟空性法，則四相皆無。憨山大師緊扣經文解釋曰：「苟有能信者，則為第一希有之人也，何以故？以此人能離四相故，然四相本是如如，了此即見法身矣。」為什麼這種人如此希有呢？因為這種人已離開了四相，如理如實了知如來的本相，即本來的法身。

不過，僅口頭上說不執著破不了實執，喊破喉嚨也枉然，如果對空性以勝義理進一步深刻認識運用，自然會斷盡一切實執，證得解脫自在的這種境界。

「所以者何？我相即是非相，人相、眾生相、壽者相即是非相。」

「為什麼呢？因為諸法實相中我相不存在，人相、眾生相、壽者相也不存在。」

前文所述「後五百歲，其有眾生，得聞是經，信解受持，是人即為第一希有」，因其已無有四相的執著作為立宗。此處「所以者何？我相即是非相，人相、眾生相、壽者相即是非相」作為立宗推理的因，成立離四相諸法本性無相的中觀正見。《中觀四百論》云：「以一法空性，即一切空性。」從一法的空性，可以現見一切法的空性，可知無所謂我相，由無我相推知所謂的人相、眾生相、壽者相也不存在，四相全都是世俗中的名言假立，離一切戲論的勝義實相即是佛的智慧密意所在。六祖云：「無此四相，是名實相，即是佛心。」六

金剛經釋

89

祖作為大成就者其所言與一般人有所不同，其口訣言辭雖短，卻有不共的加持和教益。

「何以故？離一切諸相，則名諸佛。」

「為什麼呢？遠離一切有無戲論之相，就是真正的佛陀。」

雖然佛在迷亂眾生前顯現有色有相，但這色相，實際並非究竟的如來本性。只有離一切聲音、色法等相，乃至遠離一切邊戲，才是真正的實相，真正的佛陀。世親論師說：「如來離諸相，我等學如是。」

漢地禪宗有這樣的一則公案：一個寺院裡有個小和尚尿急，他跑到大殿對著佛像小便。老和尚見了呵斥他：「世界這麼大，為什麼不恭敬，朝著佛像小便？」小和尚回答說：「整個三千大千世界處處都有佛，東南西北上下等十方都有佛，而且『一塵中有塵數剎，一一剎有難思佛』，師父，您說我該向哪裡尿呢？」藏地也有一則類似的公案：根登曲培大師在拉薩時，一次有幾個黃教格西來與他辯論，他便拿煙袋鍋敲金佛像，黃教格西一見之下非常生氣地說：「你已犯了菩薩戒，對佛陀不恭敬，不配做內道的弟子，連皈依戒都已失掉了。」根登曲培大師說：「一切諸法無相，佛無有任何執著。」雙方以此為始展開了針鋒相對的激烈辯論，最終大師以無比的智慧，淵博的學識挫敗了黃教格西。格西們垂頭喪氣地走在街上說：「我們學了二十年經文、

辯論，但今天與那個寧瑪老人沒有辯贏，甚至現在不得不承認在佛像上敲煙袋鍋有功德。」這些公案都說明無相是真正的佛陀，是真正的相。

認為如來有相是凡夫的戲論執著，如《中論》云：「如來過戲論，而人生戲論。戲論破慧眼，是皆不見佛。」佛經中記載，佛在忉利天為母說法後返回人間，眾弟子都爭先恐後地去迎接。蓮花色比丘尼欲搶先見佛陀，故以神變幻變為轉輪王排在隊首；而須菩提憶起佛的教言——「見法性即為見佛」，於是他以智慧深入法性，並未起身。當蓮花色比丘尼於隊首見到佛陀時，佛說：「須菩提已先你而見我。」現在也有人這樣認為，上師善知識的色身、聲音是真正的佛，但這是一種顛倒的認識，以般若正理觀之顯然不應理。離一切戲論才是法性實相，真正的上師是自心，見到心的本性即見上師，即為見佛。

佛告須菩提：「如是！如是！若復有人，得聞是經，不驚、不怖、不畏，當知是人，甚為希有。」

須菩提講完自己的所證後，世尊予以印可：「是這樣，是這樣！末法五百年或現在以後，如果有人聽到此般若空性法門，並且此人對人無我之法不驚、對法無我之法不怖、對一切人法之空性不畏，當知這樣的人非常希有。」

根據嘎瑪拉希拉的觀點，應從聞思修而分別解說，

「不驚」是指聽聞空性法後不生驚怪，「不怖」指思維，「不畏」指精通後，完全樂意修持。具足此三種功德之人，已於無量佛前積累資糧，善緣善根成熟之故，今生有這樣的殊勝因緣，並且於般若空性不生畏懼。此處怖畏並非如害怕魔鬼般的恐懼心理，而是指認為空性法不應理、不可能，無法接受諸法的本來空性。筆者出訪泰國在一次演講前，有位法師提醒暫時不應涉及中觀空性方面的法，否則聽眾會有不同的看法。因此我在演講時特別小心謹慎，一提到空性馬上轉移。確實一些小乘根基的人對空性法門存有執著，歷史上曾有兩位行持十二頭陀行的印度小乘比丘來到阿底峽尊者面前求法。尊者先為其宣說小乘人無我法，二人喜不自禁，尊者又進一步講大乘法無我時，二人驚恐萬分地說：太可怕了，請尊者切莫如此宣講。當二人聽到尊者誦讀《心經》之時，忍無可忍便以雙手遮耳而逃，由此可見法器清淨非常重要。《四百論》中亦云：「愚聞空法名，皆生大怖畏，豈見大力者，怯弱不生畏。」確實慧淺識薄的愚劣之人，聽聞空性法的名字都會生起大怖畏，可見甚深空性法義難以為人接受，若聽聞後不生恐怖的確極為希有難得。特別是當今末法濁世，邪魔外道的各種邪說、邪法充斥世間，凡夫人的空性慧微弱，對空性不易理解。即使聞思空性法理的經論後稍稍有些感受，若疏於熏習，則幾天幾月後又被強大的凡俗分別念遮障，逐

漸消於法界。般若空性如此難得，所以有緣者應經常訓練修習，增上自己的空性習氣，通過這樣的方式，依不可思議法性力必定能夠入於如來大智海中。

「何以故？須菩提！如來說第一波羅蜜，即非第一波羅蜜，是名第一波羅蜜。」

「為什麼呢？須菩提，如來說第一波羅蜜（般若波羅蜜），實即並非實有的第一波羅蜜，只是名言假立的第一波羅蜜。」

佛接著說十波羅蜜最殊勝的就是般若波羅蜜，即智慧波羅蜜。她不是一般世俗法，就究竟實相而言，般若以言語思維無法表示，離一切戲論，但在世俗名言中可以承認是第一波羅蜜。此處詞句上義淨、玄奘兩位三藏的譯本與藏文本相同。玄奘大師譯為「如來所說最勝波羅蜜多，無量諸佛世尊所共宣說，故名最勝波羅蜜多。」般若空性法門非常殊勝，是所有諸佛的最究竟密意。其餘布施、持戒、安忍、精進、禪定五度，是佛為生起智慧而說的方便法，如《智慧品》中云：「此等一切支，佛為智慧說。」智慧度的地位至關重要，它是證悟一切萬法實相的究竟法要，《般若八千頌》中云：「須菩提，所有江河，入於恒河大江，彼等隨同恒河而入大海。須菩提，如是五波羅蜜多，若以智慧波羅蜜多攝持，則至一切智智位也。」五度如盲，般若如眼，若無智能明燈引路攝持，其他五度僅以自力不能達至佛果

之境。《入中論》亦云：「如有目者能引導，無量盲人到止境，如是智慧能攝取，無眼功德趣聖果。」

佛經與論典不同，論主要集中次第分析、解釋佛經的深義，如《入中論》分品針對第一地菩薩的境界、第二地菩薩的境界，一直到第十地菩薩的境界，進行辨析；經則是對佛與弟子日常生活語錄的如實記載。本經並未按次第講六度，而是應機施教。

「須菩提！忍辱波羅蜜，如來說非忍辱波羅蜜。」

「須菩提，所謂的忍辱波羅蜜，如來說並非實有的忍辱波羅蜜，只是名言假立的忍辱波羅蜜。」

世尊因地修道過程中確實修過忍辱波羅蜜，這是就世俗而言。以勝義諦智慧觀察時，所謂菩薩所修的忍辱波羅蜜多非忍辱波羅蜜多。無能辱者、安忍對境怨敵、及安忍本身，此是以三輪體空而行安忍，而於實相中又無安忍波羅蜜。

翻開記載釋迦牟尼佛本生的內典《白蓮花論》，世尊從久遠劫修過的安忍波羅蜜歷歷在目，這些苦行觀待凡夫眾生的顯現稱之為忍辱度。但在佛陀《十地經》、《般若經》為主的眾多大乘了義經典中卻明示：所謂波羅蜜多即非波羅蜜多。《十地經》云：「若彼三輪無所得，並毫無執著，以無漏的智慧攝持忍辱度迴向之善根，即是出世間無漏的波羅蜜多。」大乘三地菩薩增盛忍辱波羅蜜時，其相如《入中論》所述：「設有非處起

嗔恚，將此身肉並骨節，分分割截經久時，於彼割者忍更增。」名言中菩薩對無緣無故傷害修安忍，即使將身肉一塊一塊的剖割也不報之以嗔；勝義中了知諸法本體空性，對這樣的法性不生畏懼即是無生法忍，也是最殊勝的忍辱波羅蜜。《般若一萬八千頌》中云：「若對有為法產生執著，相似法忍尚不可得，真實法忍更不可得。」

欲效大菩薩修菩薩行，必須通達三輪體空的本義，遇到違緣現前才不會生起強烈的嗔恨心。世間常常有些修行人，自認為修行境界很高，已經證悟法性，縱情安逸不取捨因果，對任何法都不執著，但每當遇到違緣時，往往這種人的嗔心更激烈。藏地有一種全身紅色的蟲子，牧民小孩子故意觸惱牠，將牠放在太陽下滾來滾去，牠很生氣，一會兒就氣得爆炸了。凡夫的脾氣亦如這種蟲子一樣，稍一惹就會爆炸。因此修行者欲通達證悟般若空性，應努力學修不可思議安忍波羅蜜多。

「何以故？須菩提！如我昔為歌利王割截身體，我於爾時，無我相，無人相，無眾生相，無壽者相。」

「為什麼呢？須菩提！比如我從前被歌利王割截身體修忍辱度時，已無我相、人相、眾生相、壽者相。」佛陀在因地作忍辱仙人之時，有一國君名歌利王（梵語歌利乃暴惡之義）。他的行為非常凶暴惡劣，臣民們很害怕他，唯恐避之不及。一次國王帶王妃宮女等眷屬一起去

森林中打獵，國王累了，就在森林中休息。王妃們一邊遊山玩水，一邊採集花果，當她們走到寂靜的山林深處，看見忍辱仙人在坐禪時，對他生起很大信心，並向他求法。仙人覺得她們很可憐，為斷除王妃的貪欲，便向她們宣說佛法。國王醒後見王妃不在左右，就四下尋找，當他聽到男子的聲音，循聲找到了仙人與王妃，心中生起強烈的嗔恨心，責問仙人：「你為什麼和我的王妃在一起？」仙人說：「我的心很清淨，無有任何染污。」國王又問：「你沒有染污心，是不是得了阿羅漢果？」仙人說：「沒有。」國王又問：「你是否得阿那含果？」如此一一問四果後，仙人說：這些果位我都沒有得到。王說：「你既未得聖果，為什麼不會對我的王妃生貪心呢？你肯定會對她們有貪欲心。」當時國王問仙人：「你叫什麼名字？」「我叫忍辱。」國王言：「讓我片片割截你的身體，看你還能不能忍！」國王不分青紅皂白將忍辱仙人的身肉一塊一塊割下，仙人依般若波羅蜜多，離一切相安住法界本性，未生絲毫恨意與後悔心。每割一刀，國王就問能不能安忍，是否後悔，仙人都回答能忍。國王殘害仙人時，四大天王不滿國王的暴行而降下沙雨，使國王極度恐懼而向仙人道歉、懺悔。仙人渾身鮮血淋漓、遍體鱗傷，國王非常懊悔，卻無能為力。仙人說：「如果我行安忍無有嗔恨後悔，願我的身體立刻恢復。」以諦實語的加持，仙人的身體立

《金剛般若波羅蜜經》釋

刻恢復如初。當時仙人對國王的暴行不但不嗔恨，反而對他生起大悲心，並發願：「願我將來成佛時先來度化你。」釋迦牟尼佛成道後，果然先度化了往昔的歌利王，即最初度化的五比丘之一阿若憍陳如尊者。

以自身為喻，佛陀從修行的角度宣講了菩薩因地修安忍度時已無五蘊的執著，遠離了四相。凡夫眾生執著假合的五蘊為「我」，當「我」受到威脅傷害時，自然而然會生起嗔恨。菩薩已經離一切相狀執著，住於真實法性修忍辱時，無受辱者、施辱者、忍辱方式的相執，故無有嗔恨。如《寶鬘論》中云「乃至有蘊執，爾時有我執，有我執造業，從業復受生。」只有反之，才可成就安忍解脫。

「何以故？我於往昔節節支解時，若有我相、人相、眾生相、壽者相，應生嗔恨。」

「為什麼呢？我在過去被片片割截身體時，如果當時有四相實執，必定會對歌利王生起憤怒的猛火。」

如果有我執，就會有執著自己和他人的心，進一步會起貪己和嗔他之心，從而產生種種煩惱及惡業，乃至一切過患。《釋量論》中云：「若有我執他，因執自他故，生起貪嗔心，從而生諸過。」而斷我執者，則遠離了一切輪迴過患，離一切相狀執著，從而斷除了生起貪心和嗔心的因緣，既不會對歌利王的王妃生起貪心，也不會由於歌利王用寶劍割截身體而生絲毫嗔心。如果

相續中已生起般若波羅蜜多智慧，則不會再有貪嗔等煩惱。凡夫人熾燃的貪嗔猛火，只有用空性甘露雨才能徹底消除，因此有緣者應專意致力於聞思修空性法門。

下面以佛因地修安忍無絲毫嗔心，即為忍辱度，表示應通達四相無相。

「須菩提！又念過去於五百世作忍辱仙人，於爾所世，無我相、無人相、無眾生相、無壽者相。」

「須菩提！我又回憶過去五百世中作忍辱仙人，在那些時候已斷除我相、人相、眾生相、壽者相的執著。」

歌利王的公案與此處忍辱仙人的公案是否一樣呢？漢地道明法師等說二者是一個故事，久尼夏智大師從字面上也做了一樣的解釋。此處分別作兩個公案也可以，即歌利王時代世尊變成忍辱仙人，具諍國王時代做忍辱仙人，此二公案的內容與故事體裁幾乎完全相同。《百業經》、《賢愚經》中，根據世尊發心的不同，內容大致相同的類似情況。

《賢愚經》中記載世尊在因地曾經做過多次仙人，名字都叫安忍，其中也有一則關於忍辱的公案：印度鹿野苑有位具諍國王，其生性野蠻，喜歡到森林中打獵。一次國王帶著王妃宮女去森林，國王打獵疲倦躺下休息。王妃們遊賞嬉戲時，見到寂靜花園中有一位肅穆莊嚴的仙人，王妃們對他生起信心，供養仙人一些鮮花水

《金剛般若波羅蜜經》釋

果，然後恭敬求法，仙人也以大慈大悲心為她們傳授殊勝的妙法。正在傳法時，國王循聲而至，見王妃們與仙人在一起，因此生起強烈的嗔恨心，氣勢洶洶地責問：「在無人的地方與女眾說話是何道理？」仙人答：「我在給她們傳解脫的甘露妙法，沒有做其他事情。」國王問：「你得過四禪嗎？」仙人說：「沒有。」國王又依次問無色界禪、四無量禪、色界禪，仙人皆答沒有。國王又說：「既然沒有得到這些境界，憑什麼敢與這些女人在一起，你到底有何境界？」仙人說：「我得到不害眾生的安忍境界。」國王說：「你真能安忍嗎？」仙人答：「能。」國王揮寶劍砍下仙人的兩個手指，問：「你現在能不能忍受。」仙人說：「能。」國王又割仙人的腳、耳朵、鼻子，仙人皆安然忍受。這時仙人的五百眷屬以神通從空中飛來，天人也降下冰雹懲罰國王。此時國王生起極大恐怖與後悔之心，在仙人前作了懺悔。眷屬們問仙人有無後悔心，仙人說：「我沒有絲毫後悔。若我無後悔之心，願我身體恢復如初，否則不要恢復。」以真實語之加持力，仙人身體立刻恢復，並告訴國王：「今天你用寶劍割我的身體，願我成佛後，用智慧劍斬斷你的無明煩惱。」當時的具諍國王即佛在鹿野苑首先度化的一位比丘。

　　羅什大師譯本「又念過去世」中之「又」字表明這兩個公案是分開的。前文從一地菩薩的布施講遠離四

相，此處是從圓滿安忍度講三地菩薩，如何遠離四相。

　　往昔如來如何發心修行，後學的佛子也應如何發心修行，《入菩薩行》中云：「如昔諸善逝，先發菩提心，復次循序住，菩薩諸學處。如是為利生，我發菩提心；復於諸學處，次第勤修學。」釋迦佛在因地修忍辱波羅蜜多，被人用利刃割截身體時未生絲毫嗔恨心，現在學修如來教法者也應如此。而有些學法者被他人稍稍碰一下或說兩句就會不高興，還有種種不如法的反應，雖然每天發心偈子念得很好聽，但對照世尊往昔的忍辱行為，自己怎能不羞愧汗顏呢？

　　「是故，須菩提！菩薩應離一切相，發阿耨多羅三藐三菩提心，不應住色生心，不應住聲、香、味、觸、法生心，應生無所住心。若心有住，則為非住。」

　　「所以，須菩提，菩薩應遠離一切相狀發無上圓滿正等覺的菩提心，不應執著色法生心，不應執著聲、香、味、觸、法生心，應不執著任何法生起真實無偽的勝義菩提心。如果自心有一絲執著，就不是真實的境界。」

　　此段經文中，世尊將世俗菩提心和勝義菩提心結合起來告訴須菩提：作為菩薩應該發遠離一切相狀，無有任何六境執著的菩提心。《中般若經》云：「佛告須菩提：『一切所緣乃大菩薩之過患，一切無緣乃無過也。』白言：『世尊，何為有緣？何為無緣？』佛言：

《金剛般若波羅蜜經》釋

『須菩提，色乃有緣，如是受、想、行、識亦是大菩薩之所緣，眼為有緣，耳與聲、鼻與香、舌與味、身與觸、意與法皆是大菩薩之所緣……』」世尊昔日修安忍波羅蜜時即是以此殊勝發心而得到成就的，作為佛的後學弟子，也應發離一切戲論的勝義菩提心，以利益無邊眾生。無任何三輪執著的菩提心才是勝義菩提心，若心有所執著，執著色聲香味觸法等境，則為非住，也即並非安住於真實的勝義菩提心中。心相續中若能生起真實無偽的勝義菩提心，即能專注真實中，即可遠離對任何法的執著，不為物轉而唯一安住在萬法的本性中，如是則與如來境界相同，如《楞嚴經》云：「若能轉物，則同如來。」

為利益眾生，修行者應在世俗名言中修安忍波羅蜜，在勝義中修無住的安忍波羅蜜。法王如意寶說：「不管任何人怎樣害我，從現在起我發誓永不傷害任何眾生！」修行人不僅要口頭上如是發願，在實際修學中，為了實現這些誓言，必須勤習般若空性法。即於世俗中以如夢如幻願眾生離苦得樂，對其修安忍等波羅蜜多，而勝義中則不應有任何執著之心。當然，具有一定修行境界的人才會有這樣深刻的體驗，唐代永嘉大師云：「恰恰用心時，恰恰無心用。」心正在專注時無可專注，恰恰發菩提心時，在勝義而言無有可發。初學者通過聞思通達空性便可逐漸去除有實無實的種種執著，

如果心還落於執著，就不是真實的境界。寂天菩薩在《入菩薩行》中云：「若實無實法，悉不住心前，彼時無餘相，無緣最寂滅。」一切有實與無實之法皆不住、不執著於心時，不會有其他成實之相，而心無有任何所緣即是離戲的最寂滅境界，也即世尊成道時所說的「深寂離戲光明無為法」。

「是故佛說菩薩心，不應住色布施。須菩提！菩薩為利益一切眾生，應如是布施。如來說一切諸相，即是非相；又說一切眾生，即非眾生。」

所以諸佛在經中說：「菩薩心不應執著色法而行布施。菩薩為利益所有的有情眾生，應以般若智慧攝持以三輪體空的方式修布施等善行。如來說一切相不是相，又說一切眾生也不是眾生。」

諸佛在經中說菩薩不應以執著色等諸法之心而作布施，世尊又說為利益一切眾生菩薩應如是布施，目的是從安忍法空講到三輪體空的智慧波羅蜜。菩薩行持六度萬行都應以三輪體空的根本智慧攝持，為了利益三千大千世界的所有眾生，也應作財施、法施、無畏施，在如夢如幻的顯現中行持六度積累資糧。而如來所說的布施、持戒、安忍、精進、禪定等相皆為非相，依了義經典可知一切眾生不是眾生，心中應生如是定解：未經觀察時有茫茫如海的無量眾生，真正觀察時眾生與佛的本性無二無別，以此原因而謂眾生不是眾生。《入行論》

中云：「眾生如夢幻，究時同芭蕉。涅槃不涅槃，其性悉無別。」無垢光尊者云：「諸眾唯心心如空，勝義不生空性中，自心離戲中安住。」在實相中眾生也即無生無滅的空性，眾生與佛皆有如來藏，其本性等無二致。

「須菩提！如來是真語者、實語者、如語者、不誑語者、不異語者。」

「須菩提，如來的語言斷除了一切過失，堪可信任，因為如來是真語者、實語者、如語者、不誑語者、不異語者。」

在凡夫現量中一切都有生滅存在，如果說勝義理觀察一切諸法皆非實有，眾生畢竟不生滅，這樣的境界是誰說的？合理嗎？可靠嗎？一般人都會產生類似的疑惑，因此世尊告訴須菩提及未來人：如來不同於凡夫人，他的金剛語是究竟的皈依處。世尊從上述五個方面強調了這一點。

《釋量論》第三品廣泛建立自宗時，以「無因不說妄」成立如來是真實語者。世尊不會說妄語，因為佛陀的貪嗔癡煩惱皆已斷盡無餘，不存在說妄語的因。所謂如來是真語者，即：名言中如來所說一切法皆真實不虛，如因果、輪迴、須彌山的高度、各種形體和形象辨別、生老死病、地獄寒熱的痛苦等，世間的歷史學家、科學家、文學家不管是推測還是科學儀器測量都難以知曉，而如來以現量可以完全了知。實語者：法界本性中

諸法皆是空性，從眼識所見的色法到一切智智，無有不空之法。這唯有如來的真實語所宣示，任何科學家無法研究明示。如語者：佛說真如方面的語言，揭示了萬法顯現無欺本體空性，顯空無二的如來藏本性每個眾生皆具足。不誑語者：指世尊三轉法輪，為引導眾生宣說八萬四千法門，每個法門對眾生都有不可思議的利益，都有不同的密意，從世尊成佛到涅槃之間沒有說過任何欺騙眾生的語言，佛所說的法暫時或究竟都在利益眾生。不異語者：指在顯現上佛應不同眾生宣說不同法語，如世尊轉法輪時，地獄、餓鬼、人都聽到不同類界性的聲音，而且都是利於他們獲得解脫的語言，不僅暫時令其獲得利益，究竟也獲得解脫。因此，應知佛語是世界上唯一的真理，因為佛陀一瞬間對萬事萬物通達無礙，陳那論師云：「一切諸所知，如一剎那間」佛知道該做不該做、該說不該說，如《中觀四百論》中云：「佛知作不作，應說不應說。」

　　如來是整個世界上唯一說真實語者。一般世間人認為的最誠實、最老實、不會謊言者，因為尚未斷除語言過患必定會有語言的障礙，他在方便時為達到某種目的也可能會說一些非真實的語言。但佛恰恰與之相反，佛斷除了語障，所說的語言究竟圓滿。針對每一個眾生根基不同，所說內容與方式也不同，譬如為大學生、中學生、小學生編寫不同教材，每一種教科書對不同層次的

學生都有利益。同理，佛在第一、第二、第三，乃至轉密法法輪時，所說及其方式也不相同。當然，雖有不同，但都是有利之語。

「須菩提！如來所得法，此法無實無虛。」

「須菩提，如來所得的法，既不是實有，也不是虛無。」

一般人認為不虛則應是實有，不實亦應是虛無，實際並非如此。「如來所得法」，是指如來在因地千萬次捨棄自己的肉身，歷經諸多苦痛然後獲得的甘露妙法。「此法無實無虛」，一方面是指如來所得諸法實相，其本性並非實有。因為若為實有，則應以勝義理論觀察也無倒存在，然而在勝義理論觀察時，得不到絲毫實有之法故，此法非實。另一方面，則是指此法也並非虛無斷滅。雖然實相本體並無實質性，但在眾生迷亂心識面前仍可以總相方式顯現，就如因果不虛、輪迴痛苦及人生難得的道理在世俗中的顯現一樣。

不僅是如來所得的法，其實任何法都是不實不虛的本性。《中觀四百論》云：「寧在世間求，非求於勝義，以世間少有，於勝義都無。」在能取、所取未消於法界之前，諸法如幻如夢地顯現，業與因果也不會空耗；正在顯現的同時，以佛的智慧觀察，因果沒有任何實質性的存在，這就是佛所說萬法無實無虛的甚深教理。《入中論》亦云：「若謂安住世間理，世間五蘊皆

是有，若許現起真實智，行者五蘊皆非有。」世間角度
諸法皆無欺存在，而以出世間真實智慧衡量時，聖者自
身的五蘊亦不存在。

「須菩提！若菩薩心住於法，而行布施，如人入
闇，則無所見。若菩薩心不住法而行布施，如人有目，
日光明照，見種種色。」

「須菩提，如果菩薩心耽著於名言法行持布施，則
如同在黑暗中行路的迷茫者見不到任何法一般，得不到
任何功德。如果菩薩發心時未住任何法相，以三輪體空
方式行持布施，就像一個有眼之人，在日光明照的白
晝，能一清二楚地看見各種色法一樣，其功德究竟圓
滿。」

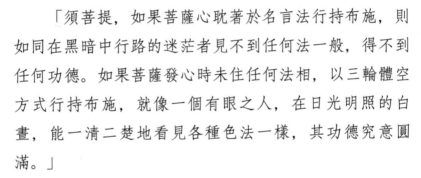

包括布施在內的五度必須以智慧波羅蜜來攝持，無
智慧攝持的五度則如盲人一樣不能到達涅槃的彼岸。
《大智度論》云：「五波羅蜜如盲，般若波羅蜜如
眼。」《入中論》亦云：「如有目者能引導，無量盲人
到止境， 如是智慧能攝取，無眼功德趣聖果。」宗喀巴
大師在《入中論.善解密意疏》、《般若攝頌釋》中亦引
用此教證： 成千上萬盲人無有明眼人的引導，難以到
達目的地，如果有一個具眼之引導者，則可以到達所緣
的任何地方； 同理，不具智慧度，布施就會落於相狀
執著，不能到達究竟彼岸。永嘉大師云：「住相布施生
天福，猶如仰箭射虛空，勢力盡箭還墜，招得來生不如

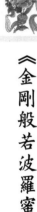

《金剛般若波羅蜜經》釋

106

意。」由此可知，　無般若攝持的有相布施雖有功德，但如盲人行路一樣，　並非究竟。因此，　因此應以智慧度攝持前五度，方可究竟到達彼岸。

「須菩提！當來之世，若有善男子、善女人，能於此經受持、讀誦、則為如來以佛智慧，悉知是人，悉見是人，皆得成就無量無邊功德。」

「須菩提，未來世界中，如果有人對此經生起信心並受持、讀誦，那麼皆為佛陀以智慧眼無餘了知、無礙照見，知此人因此而獲不可衡量無邊無際的功德。」

佛有不可思議的智慧，　以其智慧眼完全能照見受持此經者的相續。佛陀不僅清晰了知經典所具有的不可思議功德，而且，　對於將來受持此經者所獲之無邊功德也都可以徹見無餘。根據《俱舍論》中所說：佛陀不同於聲聞獨覺，佛能於一剎那中不混雜地照見整個三千大千世界；並且，　能將盡未來際中的一切看得清清楚楚。因此，在佛的慧眼中，現在每一個持經者都必定顯現得非常清晰。

全知麥彭仁波切說：佛經中說繕寫、讀誦、受持等十大法行的功德不可思議，如果實在沒有修行正見的能力，最好是念誦真實的金剛語。因此，如果修行人每天讀誦此經，則能積累不可思議的功德福報。

真心希求解脫的人，應該立下堅定的誓言，對於自己發願終生持誦的經典不能放棄，無論遇到任何違緣痛

苦，也不能改變此誓言。唐代有一位蔚公法師，他每天念誦五十遍《金剛經》從未間斷，後來臨終，阿彌陀佛與眷屬親自接引往生極樂世界。經典是佛的金剛語，尤其般若經是佛經的精華，佛陀的加持力和佛法的殊勝性不可思議，依靠持誦此經可獲得無量功德。

「須菩提！若善男子、善女人，初日分以恒河沙等身布施，中日分復以恒河沙等身布施，後日分亦以恒河沙等身布施，如是無量百千萬億劫以身布施；若復有人，聞此經典，信心不逆，其福勝彼，何況書寫、受持、讀誦、為人解說。」

「須菩提，如果世間一些善男善女早晨以恒河沙數身體作布施，中午也以恒河沙數身體作布施，下午仍以恒河沙數身體布施，如是在無量百千萬億劫中作身體的布施，其所得的功德無量無邊不可思議；但如果有人聽聞到此經生起不退信心，此功德已勝過前述身布施的功德，更何況書寫、受持、讀誦、了達後為他人解說，功德更是無法衡量。」

身布施一般是一地以上菩薩的修法，如《大圓滿前行》所說：極大布施的行為除了得地菩薩之外，普通凡夫人不能實踐，故其功德非常殊勝。無數劫中如此作無量的身布施，功德當然是不可思議。因此，若將一地菩薩所造百千萬身布施的功德與凡夫人相似信心相比，凡夫信心不會超勝。信心分有三種，最殊勝的是不退信

心，而不退信心也有兩種：凡夫相續中的不退信心與菩薩的不退信心。菩薩現見法界本性，其信心功德今生乃至生生世世不會退轉；凡夫相續中的不退信心只可承認即生不退，後世退不退轉難以確定。故凡夫不退信心的功德不可能超勝於登地菩薩以三輪體空攝持的身布施功德。

但僅就身體布施本身而言，以凡夫人聽聞《金剛經》信心不退，其功德絕對超勝前者。若說凡夫人單憑聽聞《般若經》，生起一個不退信心功德就勝過登地菩薩無數劫中以恒河沙等身體布施功德，這種說法有智慧的人應該觀察。但假設身布施不以智慧度攝持，則無法與聽聞此經所生功德相比。正所謂「信心清淨，即生實相」，凡夫以真實確信之心可以遣除、遠離世間自相煩惱，能使相續生起堅定不移的般若智慧；以堅定的信心可以得到加持離開疑惑心，並通過修行成辦一切所願，獲得一切功德。從這一角度來看，凡夫生起真正信心功德也可勝過菩薩以身布施的功德。如經云：「如是一切布施中，法施最勝我宣說。」

聽聞此經生起不退信心功德尚且如是，書寫受持、讀誦、為人解說的功德更是不可思議。《優婆塞戒經》云：「若以紙墨令人書寫，若自書寫如來正典，然後施人令得讀誦，是名法施。」古代經書的手抄本較多，現代印刷業發達，不需手工抄寫，但提供紙墨讓他人書

寫、印刷經典或送給別人讀誦，這也是真正的法布施，功德非常大。並且，不管遇到任何違緣，書寫、讀誦、為人解說《金剛經》都可以遣除。

「須菩提！以要言之，是經有不可思議，不可稱量，無邊功德。」

世尊告訴須菩提：「總而言之，此經有不可思議，不可稱量的無邊功德。」

以上內容歸納而言，是佛對須菩提以金剛語宣說此經無邊無際的功德。於般若功德，眾生之尋思分別念無法分別思維，以語言無法表達，即使是聖者聲聞阿羅漢的智慧也難以測度。佛功德不可思議，法功德不可思議，僧眾功德不可思議。而對不可思議的對境產生一個信心，也會獲得不可思議的功德。《隨念三寶經儀軌》中云：「如來功德不可思，佛法功德不可思，僧伽功德不可思，若信不可思對境，則生不可思功德。」另外我們應該知道，佛是從般若中產生，而眾生若能見到《般若經》，則不僅來世，暫時今生也能得到利益。

具如此廣大功德的經典，佛為什麼人宣說呢？

「如來為發大乘者說，為發最上乘者說。若有人能受持讀誦，廣為人說，如來悉知是人，悉見是人，皆得成就不可量、不可稱、無有邊、不可思議功德。如是人等，即為荷擔如來阿耨多羅三藐三菩提。」

「此經是如來對已發大乘菩提心，行最勝大乘道者

而說。如果有人能受持讀誦為人宣說，此人將獲得不可稱量、無有邊際、不可思議殊勝功德，乃至獲得無上正等覺果位。如來以慧眼全部知曉、徹見這樣的人，此人所作即是荷擔無上圓滿正等覺的事業。」

此經主要宣說般若波羅蜜多佛母的密意，一般眾生無法理解接受。如來觀察法器時，說：唯發大乘願、行菩提心的人可以接受，如來專為他們宣說此經。許多經典中指出，須菩提雖顯現為小乘阿羅漢，而實際都是大乘根基。所以，以須菩提來提問，正說明佛為發大乘菩提心，行最無上乘者宣說般若法門。如來從未對小乘根基的人宣說大乘般若，因為大乘菩薩戒中限定一般小乘者不能強迫引入大乘。

對於能讀誦傳講《般若經》者，如來以盡所有智完全了知此人根基，以及其讀誦、受持的不可思議功德。佛經不可思議，因為佛陀的加持力和佛法的殊勝性不可思議；而讀誦、受持佛經者亦不可思議，因為依靠佛經能生同等功德。例如從前世親菩薩念誦《般若經》時，屋頂常有一隻鴿子聽經。以聽經聞法的功德，鴿子死後脫離惡趣，轉生為王子，後來出家修持成為大法師，即安慧法師。另據《五台山志》記載，一老和尚念誦《金剛經》獲得成就。他加持而流出之泉水具有殊勝功德，有誰飲用則可以開啟智慧，此即現今五台山之般若泉。

因為一切諸佛菩薩的來源即是般若，而讀誦宣說此

經者必定會得到無量無邊功德，並於將來成就菩薩、成就佛果。因此，對於此經能夠受持讀誦，為人廣說之人，即為荷擔如來家業。

「何以故？須菩提！若樂小法者，著我見、人見、眾生見、壽者見，則於此經不能聽受讀誦、為人解說。」

「為什麼呢？如果是喜歡小乘法的人，就會執著我見、人見、眾生見、壽者見；並且，他們首先不肯聽受此經，中間不能讀誦，最後更無法為人解說。」

與大乘相比較，小法即是指僅希求自己個人解脫的法門。而「樂小法者」，即是指執著我見的外道與平凡眾生；以及只求自利的小乘行者。外道與平凡眾生執著人我存在，並且具有深重實執。他們連人無我見都不能接受，更何況說大乘見解呢？因此，由於不具有內道見解，所以他們不可能獲得任何解脫果。如《般若經》云：「凡執實相者，皆無三菩提之解脫。」而小乘行者雖不執著人我存在，但對諸法仍有強烈實執，所以也不能信受大法。如《經莊嚴論》云：「由小信界伴，不解深大法。」小乘行者以微弱的信心，卑劣的根性，以及周圍又有眾多惡友，所以對深廣如海的般若法門不會生起信心。因此，如果有人執著相狀，則不是真正行持波羅蜜多的法器，而是下根者、卑劣者。

佛陀不會對鈍根、性劣、樂欲小法人宣說究竟一乘

的妙法。因為他們根性下劣，即使宣說，他們也不能聽受。因此，我們在弘揚佛法時，應觀察所化根基而授予相應法門。比如在整體信仰大乘的地方，因為極少人不信大乘，所以應盡可能宣講弘揚空性法門。而在其餘邊地，如某些大城市中，因為周圍全是不學佛、謗佛法、持邪見的人，所以那些佛教徒也難以接受甚深廣大的空性法門；即使他是上根者也不一定接受，更何況是具有相執及傲慢的低劣根性之人呢？如《法華經》云：「鈍根小智人，著相憍慢者，不能信是法。」因此，在這些佛法邊地傳法，我們一定要非常謹慎。如果不經觀察，直接授予空性法門，可能就害了他。因為劣者聽受大乘空性法門不僅不信，反成誹謗正法之因從而墮落惡趣。

「須菩提！在在處處，若有此經，一切世間、天、人、阿修羅，所應供養，當知此處，則為是塔，皆應恭敬，作禮圍繞，以諸華香而散其處。」

佛繼續對須菩提說：「不管任何地方，如果有此經，一切天、人、阿修羅應予供養，應該了知此處即為佛塔所在，人、非人等皆應恭敬、作禮、圍繞，並以各種燒香散華方式作供養。」

佛塔是諸佛意所依。釋迦佛示現涅槃後，遺有裝佛舍利的八大佛塔，於八大佛塔所在地方頂禮、轉繞有殊勝的功德，如《入行論》云：「敬禮佛靈塔，菩提心根本。」而經典所在之處如有佛塔，一切天、人、非人等

金剛經釋

也都應恭敬。古代藏傳佛教的高僧大德非常讚歎持誦修持《般若經》的人，認為其腳踏過的灰塵是帝釋天、梵天恭敬頂禮的對境；而僅僅宣說空性法門一個偈子的地方，諸天也應修建佛塔恭敬供養。《法華經》云：「乃至說一偈，是中應起塔。」宣化上人講記也說：「《妙法蓮華經》、《般若經》等宣講之地，天人、非人都應恭敬供養，乃至演說一個偈子所在的地方，諸天人也應建修佛塔，因為這裡是一切世間的供養處。」

關於「則為是塔」有這樣一則公案。明朝弘治年間，嘉興府真如佛塔瀕臨倒塌。有一位懷林和尚，廣行募化，二十年後佛塔重又修葺一新。緣起是懷林在一次苦修時，突然一個鬼使來臨，拿長繩套在他的脖子上，令其即刻去見中陰法王。乞求鬼使寬限七天，等作完焰口佛事之後再去陰間。待鬼卒同意後，他集中弟子說：「閻王讓我七天後離開人間，怎麼辦？」弟子說：「離此處一天船程遠的蘇州承天寺，寺中有一位禪師專修《金剛經》，威力盛猛，可以求他解救。師父到那裡一定能夠化險為夷，轉危為安。」於是懷林去蘇州拜見禪師，禪師說：「如果你答應修復寺中將要倒塌的佛塔，我有辦法令你七天後免於死亡。」懷林答應以後一定化緣修塔，禪師令其七天中住於禪房不斷念誦《金剛經》，念一遍經後即云「當知此處，則為是塔」，以此消災免難。懷林和尚依教非常精進。七天後，兩個鬼卒

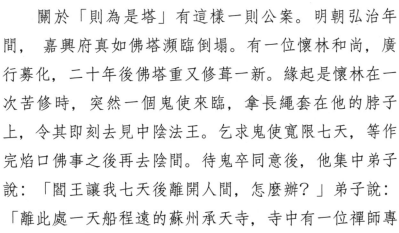

《金剛般若波羅蜜經》釋

來問禪師懷林和尚的去處，禪師說：「就坐在我的房間裡。」兩個鬼卒一起進去，懷林和尚正在念經，每念一遍就誦「當知此處，則為是塔」。這樣念誦時，兩個鬼卒只能見到一光芒萬丈的大佛塔。因無法捉到懷林交差，只好去問禪師：「我們與懷林和尚約好今天帶他離開人間，但現在根本看不見他，怎麼辦呢？」禪師說：「般若所發的威光力量令你們無法接近，只能放棄離開吧。」兩鬼聽後快快而去。禪師對懷林說：「我已救你一命，現在你應兌現諾言，化緣好好修塔。」懷林由於被鬼套上了繩子，沒法解開，所以只好天天拖著繩子去化緣，二十年後他終於修成了一個非常莊嚴的佛塔。

從以上公案我們可以看出，《般若經》所在之處確實與佛塔無異，此處常為龍天護法所守視，一切邪魔外道不能加害，是故世間一切人天等皆應作禮圍繞。另外，不僅是受持、讀誦、為人演說，即使是隨身攜帶本經，也有很大功德；並且在有人恭敬、頂禮時，也不至於承受不起。

復次：「須菩提！善男子、善女人，受持、讀誦此經，若為人輕賤，是人先世罪業，應墮惡道，以今世人輕賤故，先世罪業則為消滅，當得阿耨多羅三藐三菩提。」

佛又對須菩提說：「善男善女受持、讀誦本經，如果被人輕視、小看，這表明此人前世所造應墮惡趣的罪

業，因為今世被人輕視，前世罪業滅盡，很快會得無上圓滿正等覺。」

　　通過念誦《金剛經》可以使罪障全部清淨，因為這部經是一切諸佛菩薩智慧的結晶，通過聞思修持此經，可了達業障的本性而清淨業障。永嘉大師云：「了即業障本來空，未了應須還夙債。」了達業障的本性是空性，不需再受痛苦，不達其本性，始終需償還受報。平時修行中遇到一些違緣，不能一味地認為對修行不利，也許此違緣已將來世的痛苦解決，若今生沒有遇到此違緣，未來的修行過程中會有更大的障礙。很多學佛人的經歷中，極少有人能一帆風順地踏上解脫大道，而是在人生旅途中遇到了挫折與痛苦才生起出離心，因眾苦所逼而對佛法生起信心。藏地的拉西堪布經常引用此經做教證說：「大菩薩受到極多損害是以後必定能得到解脫的標誌。」發了大乘菩提心的人，遇到違緣時應泰然處之，不要認為是不吉祥，雖然人生的違緣痛苦非常難忍，但通過遇到這些違緣即生中就可將來世墮地獄、餓鬼之痛苦滅盡。按照此經，受別人歧視、誹謗是最好的，受他人欺侮之時最重要的是護持正見，應當生起歡喜心：「今天有人欺負我，這是在消業，後世不用墮惡趣了。」

　　「須菩提！我念過去無量阿僧祇劫，於然燈佛前，得值八百四千萬億那由他諸佛，悉皆供養承事，無空過

《金剛般若波羅蜜經》釋

者；若復有人，於後末世，能受持、讀誦此經，所得功德，於我所供養諸佛功德，百分不及一，千萬億分，乃至算數譬喻所不能及。」

佛接著說：「須菩提！我能回憶起過去無量劫中，在值遇然燈佛之前已經遇到無數如來，我皆作供養作過承事，從未漏過一位，依此善行所積的功德無法想像。但與末法時代能夠受持、讀誦此經者所得功德相比，百分不及他的一分、百千萬億分不及他的一分，乃至無法算出之分與無法比喻之分，於他的一分亦不能及。」

供養佛的功德不可思議，如《妙法蓮華經》云：「若人散亂心，乃至以一華，供養於畫像，漸見無數佛。」對一佛的供養尚且如是，而對無量佛作供養的功德更無法想像。雖然供佛功德無量，但於末法時，持《金剛經》的功德卻遠遠超過於此。即使對無數佛作供養的功德， 也比不上持此經功德之百分之一、百千萬億分之一、乃至算數無法算分之一與比喻無法比喻分之一。因此，應知持誦本經的功德不可思議，以凡夫分別無法想像。

佛語諦實無虛，但凡夫往往不能信受。然而這也不足為奇，因為以凡夫的粗淺智慧豈能了達佛陀的行境？如《四百論》云：「觀現尚有妄，餘義更不知。」一般人對世間簡單的因果規律尚不能知，更何況佛經的甚深含義呢？因此，在佛陀的智慧與凡夫分別心之間，我們

應信受佛智，真正相信：持誦證悟了此經，其功德的確勝過供養千萬如來的功德。

為什麼持此經有如是大的功德呢？《寶積經》云：明珠和妙藥秘方，緣起力量不可思議，諸佛菩薩的方便、等持、神變行境功德不可思議。佛的智慧是幾種不可思議之一，故依佛智而說的本經，其功德必定不可思議。通過持誦此經，自相續中將獲得無量智慧，並將證悟大平等的境界，這遠遠超勝世間形象上的有漏功德。憨山大師也云：「悟般若者，一念頓生佛家，生生世世永不離佛，故此功德最為殊勝也。」

「須菩提！若善男子善女人，於後末世，有受持讀誦此經，所得功德，我若具說者，或有人聞，心則狂亂，狐疑不信。」

佛又告訴須菩提：「善男善女在後來末法濁世，若讀誦和受持此經，所得功德不可思議，我如果詳盡地說出持經功德，或許有人聽聞以後，心意狂亂懷疑不信，甚至誹謗。」

世尊說得很清楚：對般若法門無有真正信心之人，雖能少信我已宣說受持本經之殊勝功德，但我一旦詳盡宣說此中世出世間一切功德，或許有人便會因懷疑不信而生誹謗，心不正常，顯狂亂態。按世親論師注釋之意，由於佛陀宣說了持誦此經所能獲得之世出世間兩種果報，有人便會耽著世間之果，並對能否獲得佛果生起

狐疑，猶豫不決。

　　佛語真實無虛，不會有絲毫相違和矛盾之處。但少智之人總以分別心妄加揣測，難生正信。因此有智者對於佛陀的語言，應有堅定的信心，應經常以佛語作為依據讚歎佛的智慧、境界。並且，修行人以佛語主談至關重要，而缺乏智慧的人會經常談論一些世間瑣事，諸如「今天冷不冷」、「早上吃什麼」等無義之語，以此無法增長智慧，對深奧的佛法也難以生起信解。若生疑惑，則不但不能成就，而且過患極大，如佛經說：「彌勒，若生懷疑，即將墮落。」

　　佛陀完全知道萬法的真諦，學佛人應對佛語生起很堅定的信心：佛語肯定正確，有甚深密意，願我早日開悟佛陀的密意。經常這樣觀想，以上師三寶的加持，自己相續中一定會生起殊勝智慧。凡夫人習氣嚴重，無始以來串習成熟，習慣於接受世間法，而對佛語感到晦澀陌生，只有通過串習，才會接受乃至證悟佛的智慧。

　　「須菩提！當知是經義不可思議，果報亦不可思議。」

　　佛又說：「須菩提！佛經的意義內容的確不可思議，所得果報也不可思議。」

　　佛經所述的內容有內外密各層意義，如果有人對佛經經常虔誠的祈禱、作意，則佛法的加持可以常常感受，其果報也無法思維想像。《龍王請問經》云：「眾

119

生不可思議，其發心之功德亦不可思議。」《功德經》中云信仰佛經有不可思議的功德，小小的因也能獲得不可思議的果報，眾生的根基不可思議，三寶的力量也不可思議。由此可見，經義與持經果報不可思議，修行的功德也不可思議。念經有心念、默念、金剛念等六種方法。誦經必須思維經義，一剎那思維經義也有極大的意義。有的人對聞思修行不重視，對一些瑣事有很大興趣，應知即使生命只有一天，看一天經論的功德果報也不可思議。古人云「朝聞道，夕死可矣」，何況求解脫的修行人呢？

爾時，須菩提白佛言：「世尊，善男子、善女人發阿耨多羅三藐三菩提心，云何應住？云何降伏其心？」

此時須菩提在佛前陳白：「世尊，行持大乘法的善男善女，已發非常殊勝的無上正等覺菩提心，爾後應以何方法安住所緣，又以何方法繼續修持菩提心、六度萬行，以何方法調伏自心？」

心是萬法的根本，八萬四千法蘊主要為了調伏自心。每個眾生的心有所不同，如一般的凡夫人與研究學習宗派者相比較，學宗派者較勝一籌；而一般行人與阿羅漢相比，阿羅漢的心更寂靜調柔；阿羅漢與菩薩相比，菩薩的心更寂靜；菩薩與佛陀相比較，佛的心最寂靜調伏。

學佛發菩提心，最究竟的目的是調伏自心，這首先

《金剛般若波羅蜜經》釋

則應了知自心依何安住。此經主要強調降伏自心，如何調伏呢？

佛告須菩提：「善男子，善女人，發阿耨多羅三藐菩提心者，當生如是心：我應滅度一切眾生，滅度一切眾生已，而無有一眾生實滅度者。何以故？須菩提！若菩薩有我相、人相、眾生相、壽者相，則非菩薩。所以者何？須菩提！實無有法發阿耨多羅三藐三菩提心者。」

佛陀告訴須菩提：「善男子善女人，發無上正等覺心者，應生如是心：我應度化一切眾生得到佛的涅槃果位。雖於世俗中滅度一切眾生，而在勝義中，能滅度者與所滅度的眾生都不存在。為什麼？須菩提，如果菩薩有我相、人相、眾生相、壽者相，就不是真正的菩薩。原因是什麼呢？須菩提，發菩提心的無上正等覺者實際並不存在。」

佛陀所說調伏自心，令心安住法界本面的方法非常多。但在八萬四千法門中，菩提心最為殊勝、最為根本。相續中具有菩提心，佛法就已全部具足，不再需要其他的修法；若無菩提心，修其他任何法也沒有多大意義。華智仁波切在《如何發菩提心》中說：「有者此足夠，無者不可缺。」嘎單派的《加行寶鬘論》中，也敍述了菩提心的殊勝功德，並引用了許多經論的教證。

只在形象上發菩提心，則不可取，一定要在自己的

相續中生起真實的世俗菩提心與勝義菩提心，才可調伏自心。所謂世俗菩提心，即發心觀想：三界中所有的眾生，無一不曾做過自己的父母，他們現在沉溺在輪迴的苦海，我應想盡一切辦法救度這些可憐的眾生，使他們得到佛的果位，獲得究竟的大安樂。在名言中依諷誦、修持、積累資糧來調伏自心，依勝義諦言自心不執諸相以達到寂滅的境界，得佛的果位，即是調心的方法。《入行論》中將世俗菩提心分為願菩提心與行菩提心，世俗所有的調心法中，發菩提心最為殊勝。就勝義而言亦如前所述，實際是無有滅度一個實有眾生，所滅度、能滅度的形象也不存在。

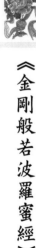

作為修行者，必須以世俗與勝義次第分析萬法，若不如是，則不能令見解到達究竟。月稱論師在《入中論》中云：「由於諸法見真妄，故得諸法二種體，說見真境即真諦，所見虛妄名俗諦。」因為能見到諸法的真與妄，故結論也有二種：一是勝義諦，一是世俗諦。通過二諦分法，菩提心也可以分為二種：即世俗菩提心與勝義菩提心。為了令眾生易於了達勝義諦，我們須依次第為眾生說，先令了解世俗名言諦，再深入諸法實相勝義諦。如《六十正理論》云：「於求真性者，初說一切有，通諸義無貪，然後說寂滅。」因此，圓滿世俗菩提心並非萬法的究竟實相，也非究竟的發心，應以空性般若智慧攝持，如是發心才堪稱究竟，依此發心才必定可

以使自己的心調柔寂靜。

　　為什麼所滅度的眾生不存在呢？依發大心菩薩而言，若認為實相中世俗菩提心依然實有存在，這種發心則不究竟，還有我相、人相、眾生相、壽者相的執著，此菩薩也非真正的菩薩。諸佛經中一再宣說：一切相都是虛妄不實的。如《中論》云：「如佛經所說，虛誑妄取相，諸行妄取故，是名為虛誑。」以般若波羅蜜多來抉擇，發菩提心的菩薩不應有四相執著，如果有相狀分別則不能稱為菩薩。

　　本來智慧前，任何相狀也不成立，若實相中有相狀，則以勝義量抉擇時也應存在，諸佛菩薩應能見到，但他們未見，勝義量抉擇也不存在，實相中沒有發無上正等覺心的菩薩存在。同理，菩薩發的菩提心也不存在，以無實質發心存在稱為勝義菩提心。勝義中，有無一切法都不成立，發心者不存在，所發的心亦是無生無實的。釋迦佛因地發心，最終獲得正等覺如來的果位，這一切實相中皆不成立，以下以比喻說明。

　　「須菩提！於意云何？如來於然燈佛所，有法得阿耨多羅三藐三菩提不？」

　　「不也，世尊！如我解佛所說義，佛於然燈佛所，無有法得阿耨多羅三藐三菩提。」

　　佛言：「如是！如是！須菩提！實無有法，如來得阿耨多羅三藐三菩提。」

佛問：「須菩提，你是怎麼想的？釋迦牟尼佛在然燈佛前有沒有獲得無上正等覺心之法？」須菩提回答說：「世尊，根據我對佛所說深意的理解，您在然燈佛面前沒有得過成就無上圓滿正等覺之法。」佛稱讚說：「非常對！非常對！實相中如來沒有法得無上圓滿正等覺。」

此處兩個「如是」，與一般凡夫的語言不同，凡夫如果重複什麼話可能無有意義，但是佛陀說一句重複一句都有甚深的密意，需要用智慧仔細思維才能通達。此處的兩個「如是」，其一說明在世俗諦中世尊在然燈佛前得過法，其二是說勝義中未曾得法。

根據《賢劫經》，以前釋迦佛因地時在大釋迦佛前供養妙衣，發菩提心時說：如來您的身相如何，將來我成佛時也如是，您的壽命、眷屬、剎土等的一切相狀，將來我成佛時，也如彼等。以上佛在因地時發心所求諸法，因為全是形相上的存在，所以是就世俗而言；在真正勝義中，如來什麼法都未得過，因為一切遠離四邊相狀，無生無滅故。正如《楞伽經》云：大慧，有無不生，是故諸法無有生。

「須菩提！若有法如來得阿耨多羅三藐三菩提者，然燈佛則不與我授記：『汝於來世，當得作佛，號釋迦牟尼。』」

「須菩提，如果有殊勝正等覺菩提心獲得的相狀，

那然燈佛根本不給我授記：『你於來世，當會成就佛果，名號為釋迦牟尼。』」

在九十一劫以前，世尊為法雲比丘，有的經典中也說為賢慧婆羅門，當時得無生法忍而得到然燈佛授記：將來你在娑婆世界作佛，號釋迦牟尼，度化無量眾生。名言中雖有此事，而如果執著在勝義中真正有一個所得之法，然燈佛即根本不會予以授記。因為如果真正有一法是實有存在，則其本性應永恆不變，不會有未來如夢如幻的顯現，也不可能有當時的示現。正因為名言中有了然燈佛授記，恰恰說明萬法並非實有，因為以諸法性空才有緣起，而以種種緣起顯現方知法性本空。

「以實無有法得阿耨多羅三藐三菩提，是故然燈佛與我授記，作是言；『汝於來世，當得作佛，號釋迦牟尼。』」

「正因為萬法無一法實有存在，得不到一個成無上圓滿正等覺之實有法，所以然燈佛給我授記：『你於來世，定當作佛，名號為釋迦牟尼。』」

當時世尊初見然燈佛即得無生法忍，並在然燈佛前發願，然燈佛雙足踏過世尊頭髮，一邊加持一邊授記：你將來於娑婆國土作三界導師，號釋迦牟尼佛（詳見《白蓮花論》）。然燈佛之所以如是授記，是因為世尊當時已悟入無生大空實相，了知無有一法實有存在。

全知麥彭仁波切說：在所有的所知法中，如果有一

法是成實之法，那麼形形色色的所知法，全部不可顯現，正因為無成實法的緣故，無邊的所知也能夠顯現。宗喀巴大師亦說：如果萬法真正於實相中存在，則不會顯現。如鏡子裡山河大地的實體不存在，若真實存在，則不可能顯現在小小的鏡子中。整部經有時說有，有時說沒有，看上去一句話中有兩個相互矛盾的觀點出現，一會兒得授記，一會兒又未得授記，如果勝義諦和世俗諦沒有分開分析，講解或研究修學《金剛經》確實很困難。

「何以故？如來者，即諸法如義。」

「為什麼呢？如來者即是諸法的本義，真正證悟了真如稱為如來。」

如來是佛的十種名號之一。如來、應供、正等覺、明行圓滿、善逝、世間解、無上士調御丈夫、天人師、佛、薄伽梵為佛的十種名號，代表佛的十種不同功德。如來的「如」即指真如之意，真如是一切諸法的本相，也可稱之為法界性，「來」指已經到達了這種境界。藏傳佛教的一些高僧大德把「如來」解釋為已經如理如實地來到了真如之地。《成唯識論》中云：「真謂真實，顯非虛妄，如謂如常，表無變易。」即真指真實，如指如常，表示不容易衰變，意即達到了真實的地位。《攝大乘論釋》中云：「言法味者，謂契經等無上法味，謂證真諦所得理味。」所謂的法味即真如，真正如來的證

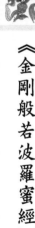

《金剛般若波羅蜜經》釋

相叫真正的法味，通達了真如的本性，才得到真正的法味。如來同真如實際是一個意思，聲聞羅漢、菩薩未究竟通達，最後到佛陀果位時才究竟通達真如本性。

為什麼說釋迦牟尼佛不實有能得授記，如果實有不能得授記？原因是真正的佛陀並非表面所看到的有鼻有眼的具體形象，在勝義實相中，佛乃一切諸法的本相，一切諸法真如實相才是真正的如來。此處清楚地指出真正的如來、真正的法是什麼。

「若有人言：如來得阿耨多羅三藐三菩提。須菩提！實無有法，佛得阿耨多羅三藐三菩提。」

「如果世間有人說：如來已經獲得無上圓滿正等覺之果位。須菩提，在實相上，佛從未得實有之法，以獲得圓滿正等覺之果。」

金剛經釋

此處鳩摩羅什大師譯文與玄奘、義淨三藏譯文不同，但意義沒有差別。玄奘大師譯為：「若如是說如來、應正等覺能證阿耨多羅三藐三菩提者，當知此言為不真實。」義淨大師譯：「若言如來證得無上正等覺者，是為妄語。」

未通達般若密意的分別尋伺者，認為如來真實獲得無上正等覺的果位，但這並不正確。雖然佛陀自己在菩提樹下入定，獲得成就時說：「深寂離戲光明無為法，吾得猶如甘露之妙法。」在名言中釋迦牟尼佛很明顯的宣說了，他確實得到了無上正等覺。在眾生面前世尊確

實顯現了先發菩提心，中間修六度萬行，最後現前色身與法身的果位。但此處佛陀從勝義實相的角度，對須菩提說：佛於三藐三菩提實無所得，在實相上，如來的身相也非實有存在。

「須菩提！如來所得阿耨多羅三藐三菩提，於是中無實無虛。是故如來說：一切法皆是佛法。須菩提！所言一切法者，即非一切法，是故名一切法。」

「須菩提，如來所得的無上正等菩提，於彼中遠離實有邊也遠離虛無空邊。因此如來說，於實相中，一切法皆是平等大空之佛法。須菩提，所說的一切法，並非實有，所以只是名言。」

釋迦牟尼佛在印度金剛座，摧毀群魔顯現成就菩提，於鹿野苑等處轉法輪，這些情況是不虛的事實，任何一個科學家和理論家如果說這是迷信，則與歷史事實相違。但在勝義實相中，諸法無有實存，世尊在金剛座成就菩提，獲得如來正等覺、轉法輪等都不存在。《三昧王經》云：如果一些人以貪欲心做夢時，也會有享受對境，但一旦醒覺時，一切都無實有，諸法應如是觀。世尊得法如夢中顯現，在夢中不虛存在，但醒時找不到任何實有。從勝義角度觀察，世尊成佛的這些現象都不存在，而世俗的角度中卻無欺顯現，不僅世尊所得的法，世間任何一法、任何一個行為皆應可如是觀察。但現在世間人對中觀沒有聞思修行的緣故，認為四大皆

空，因果是空、念經也是空、發菩提心也不存在，另一些人執著實有，一切所見所聞都是實有，甚至如來也被看成一個真正實有的人，持這些見者都已入邪道，始終見不到如來的本面。

「如來所得法，此法無實無虛」，此一句已歸納了整個宇宙人生的真理。觀察任何法時都應以無實無虛而觀，一方面應好好的取捨因果，護持戒律；一方面應了達一切法非為實有，實相中遠離一切戲執。在《文殊經》中，文殊菩薩問舍利子：要信仰的最殊勝佛法是什麼？舍利子告文殊菩薩：諸法無有自性，即是最殊勝的佛法。因此，了達諸法皆是緣起性空之實義，既無實體可緣執，也不滅緣起不墮斷邊，一切法皆是等淨離戲之智慧光明，此即無實無虛，無有一法不是佛法。漢地的惠中禪師在講解此經至萬法都是佛法處，有一弟子問：若法皆是佛法，那麼做殺人放火等壞事，是不是佛法？國師微微一笑說：殺人放火實際也不離佛法，其本性是空性。確實如禪師所言：在勝義中諸法本體無取無捨無可緣執，殺人放火也可包括在佛法中，但在名言中諸法也有善惡取捨，自心陷於名言分別之境者，仍難脫善惡業果的繫縛，所以殺人放火是應捨之法。

從顯法的角度而言，如來轉了三次法輪，宣說了八萬四千法門。在名言中八萬四千法門，都是為了斷除眾生的貪嗔癡，令其趣入菩提道而傳，但在勝義實相的角

金剛經釋

129

度，佛所說的法皆非法，唯是隨順眾生的名言習慣，而安立了一切法的名稱，實際理體中不著一塵，所謂的一切法非真正實有，能言所言全都不存在。

「須菩提！譬如人身長大。」

須菩提言：「世尊！如來說人身長大，即為非大身，是名大身。」

世尊言：「須菩提，就像人身成長增大。」須菩提說：「世尊，如來所言人身體長大，在實際並不是大身，而是在名言中稱做大身。」

這是用比喻說明名言、勝義的區分。嘎瑪拉希拉釋此為從智慧方面講，初地菩薩到佛陀之間智慧越來越增上，佛陀的智慧最為深廣。以人身為喻，從名言中可以說人身有一種從小到大的成長過程，而一地至十地菩薩的智慧也是如此；但在勝義中，以佛智所見人身的大小、菩薩的智慧變化都是不成立的。所以須菩提說：如來所說的人身長大，實際上並不是長大，本來不存在大的概念，實際中沒有大的存在故可假立大的名言概念。《首楞嚴義疏注經》中云：「一為無量，無量為一，小中現大，大中現小。」對世俗凡夫來說大小是矛盾的，小中不可能有大，大中不可能有小，而從萬法無自性的角度來說，這是可以成立的。如米拉日巴未縮小，牛角也未增大，但米拉日巴的身體可以原原本本的坐在牛角裡面，這在聖者的境界中是可以不相矛盾的存在。身體

《金剛般若波羅蜜經》釋

在勝義中不可說什麼大小，大就是小，小就是大，所謂的大小只是迷亂眾生前的一種假立法。如夢中自己的身體非常高大，但那個高大並不是真正的高大，夢中本來無實質的肉身，怎麼會有高大？就像石女兒本不存在，怎麼會有石女兒身體的大小，同樣，現在世俗名言所謂的增高長大，這些也不成立。

嘎瑪拉希拉將登地菩薩的智慧增大與人身體的成長作喻，由此可知名言中一地到十地菩薩有各自之果，但在勝義中都如虛空中的鮮花一般，無絲毫實質。

「須菩提！菩薩亦如是。若作是言：『我當滅度無量眾生。』則不名菩薩。何以故？須菩提！實無有法名為菩薩。是故佛說：一切法無我、無人、無眾生、無壽者。」

「須菩提，同樣，如果有些菩薩說『我要滅度天下一切眾生』，這不是真正的菩薩，為什麼呢？因為有相狀執著即不是菩薩，在實相中不執任何法叫做真實的菩薩，所以佛說：證悟一切法實相時無我、無人、無眾生、無壽者，遠離一切相。」

在名言現相中，菩薩的智慧就像人的身體一樣越來越長大，但實際上菩薩與佛的智慧也不存在，就像前面觀察人身長大的結果不存在一樣。本經中有許多隱藏的比喻，如果未認真觀察則無法察覺，但深入細緻研究推敲時，人身長大是暗喻智慧的增長，人身長大不成立即

智慧增長不存在，又以小身不成立比作菩薩的智慧不成立，大身不成立即喻示佛陀的智慧非實有存在。

　　如果有菩薩認為實有我要滅度天下無邊的眾生，這不是真正的菩薩，雖然他發了菩提心，但是未證悟般若實相、未以空慧攝持故，只是世俗菩薩，世俗菩薩有相狀執著所以不是真實的菩薩。《大智度論》中將所謂的相分為三種：假名相、法相、無相相。菩薩、柱子等萬法的名稱，是一種相狀，即為假名相；五蘊所攝的法相，如自相續的分別念，全部包括在法相之中，發菩提心實際也是一種法相；對空性方面的執著也是一種相，即無相相。根據《大智度論》的觀點，發菩提心也是一種法相，而有相狀執就得不到生死的解脫，因此有相狀執的菩薩，不是真實的菩薩。了義的菩薩已證悟無任何實有法，如文殊、彌勒、普賢等大菩薩，佛陀經常在了義經典中提到他們的境界，在他們的境界中沒有自己是菩薩的執著與真實度眾生的執著相。

　　《六祖壇經》中云：「外離一切相，名為無相。」與上述意義契合一味。菩薩必須要遠離一切外相，遠離一切外相即是無相。真正的菩薩遠離一切相，為什麼？佛在本經中再再重複：一切法的實相是無我、無人、無眾生、無壽者。一切法在真實中不存在，因此我相、人相、眾生相、壽者相怎麼會有呢？《涅槃經》亦云：「一切諸法悉無有我。」佛在《涅槃經》、《圓覺經》

為主的諸多經典中指出真正有相狀的我並不存在，一切法也是不存在的，因此怎麼能承許菩薩、我、人、眾生、壽者之法存在呢？

「須菩提！若菩薩作是言『我當莊嚴佛土』，是不名菩薩。何以故？如來說莊嚴佛土者，即非莊嚴，是名莊嚴。」

「須菩提，發菩提心的菩薩如果認為『我應當莊嚴佛土』。若菩薩有這種發心，則非真正的菩薩。如來所說的莊嚴佛土，於實相中不是莊嚴，只是名言中假立謂之莊嚴。」

菩薩應莊嚴佛土，發菩提心時也有要莊嚴佛土之願。全知麥彭仁波切在《智者入門》中敍述普賢十大願中也有修煉清淨剎土，《現觀莊嚴論》中也講七地菩薩以上要修微妙佛剎，在佛經中也經常說莊嚴佛土利樂有情。《華嚴經》、《大日經》中皆提到華藏世界，即華藏莊嚴世界海，《密嚴經》中宣說了密嚴剎土的莊嚴，《無量壽經》中也有阿彌陀佛在因地時以不可思議的發心，修成西方極樂世界的萬德莊嚴。若以密宗而言，密嚴剎土是不生不滅的，如《金剛尖本續》云：「無上密嚴歡喜土，密嚴剎土無壞滅，於此諸佛法圓滿，受用身相而出現。」漢傳佛教中未提及，而藏傳佛教中許多高僧大德清淨現量中所現的香巴拉剎土、清淨的持明空行剎土、東方現喜剎土等，有許多非常希有的莊嚴剎土。

如是十方無量剎土，從勝義角度而觀，能莊嚴者與所莊嚴佛土都不應執著，因為經論所說的莊嚴剎土是名言中成立的。所謂的莊嚴剎土實際並不是真實中存在，而是通過修行以後，在暫時的淨見量前顯現的，勝義諦中菩薩清淨剎土的實執並不存在。若心清淨，則佛土也清淨，《維摩詰經》云：「隨其心淨則佛土淨。」《讚法界論》云：「此無上剎極妙嚴，我謂三心會一處。」此中「三心」是指未來、過去、現在之心。

名言有莊嚴剎土與勝義中無有，二者是否衝突矛盾呢？全知麥彭仁波切在《定解寶燈論》中說：從表面看有無二者似乎對立，實際二者並不相違。凡夫人以分別念認為莊嚴剎土存在，有無二者不可能於一法上同時成立。世俗名言中暫時可以理解有莊嚴，但如果承認有一法本體實有存在，則不是真實莊嚴。猶如在鏡子中看見一個莊嚴佛國剎土，若此剎土實有存在，則不可能於鏡中顯現，以無實有故，鏡中可以有此顯現法。所以，無莊嚴即是莊嚴，勝義和世俗所攝之一切法，全部都是這樣的本性。

「須菩提！若菩薩通達無我法者，如來說名真是菩薩。」

「須菩提，如果菩薩通達了無我法，證悟諸法空性之義，佛說此是真正的菩薩。」

學習大乘者必須要通達人無我與法無我的本義，否

《金剛般若波羅蜜經》釋

則不僅得不到菩薩的果位，聲聞緣覺的果位亦無法獲得。龍樹菩薩云：「得無我智者，是則名中觀，得無我智者，是人為希有。」誰得到無我智慧可以名之為真正的中觀者，得到無我智慧的人形象雖與普通凡夫一樣，但實際上其境界無法言說。無我法的通達者非常希有罕見，他必須通過觀察、實修的方法了達般若無我空性，否則根本不能稱之為菩薩或成就者。若未通達人法二無我，依舊執著名相，雖然經過多生累劫苦修佛法，始終不會得到大小乘的果位，如《圓覺經》云：「雖經多劫，勤苦修道，但名有為，終不能成一切聖果。」

「須菩提！於意云何？如來有肉眼不？」

「如是，世尊！如來有肉眼。」

「須菩提！於意云何？如來有天眼不？」

「如是，世尊！如來有天眼。」

「須菩提！於意云何？如來有慧眼不？」

「如是，世尊！如來有慧眼。」

「須菩提！於意云何？如來有法眼不？」

「如是，世尊！如來有法眼。」

「須菩提！於意云何？如來有佛眼不？」

「如是，世尊！如來有佛眼。」

佛陀問：「須菩提！你怎麼想的，如來具足肉眼功德嗎？」須菩提答：「如來具足肉眼功德。」世尊依次又問須菩提，如來是否具足天眼、慧眼、法眼、佛眼等

功德，須菩提依次回答，如來一一具足如是功德。

五眼功德為佛陀所具的一種功德，諸多論中均有提及。佛經中云：「若欲獲得五眼者，當精勤六波羅蜜多。」薩迦派果仁巴大師指出：六通小乘人不可全得五眼，五眼只有大乘聖者才具足。經云：大菩薩修學五眼，則獲得無上正等覺果。《極樂願文》中亦曾提到過五眼，如云：「五眼六通悉具足，願生無量功德剎。」《現觀莊嚴論》第一品中有涉及五眼及六通，第二品教言品中專門從因、作用範圍、類別等幾方面解釋五眼。

佛陀的功德無量無邊，佛身的任何一部分皆可了知享受一切外境，佛陀的眼、耳、鼻、舌、身、意都有取無量外境聲音香味等的功德。此處從不同角度，以不同方式為眾生起真實信心故，宣說佛陀具足五眼功德。

具體分述每種功德，肉眼是在加行道通過供燈、修等持而獲得，依靠眼根即能現見一百由旬到三千大千世界整個世間。歷代均有大成就者修證獲得肉眼功德，《大圓滿前行》中記載赤松德贊的國師釀萬登珍桑波獲得了肉眼功德。相續中具有肉眼功德時，無論印度藏地，乃至三千大千世界範圍內皆能照見無餘。《現觀莊嚴論》中以教量抉擇，肉眼從資糧道菩薩開始具有，資糧道以上菩薩相續中都具足，至尊導師佛陀毫無疑問必定具足能照見三千大千世界之肉眼功德。

天眼要通過修持有漏善法才能得到，一些論典中認

《金剛般若波羅蜜經》釋

136

為修禪定等六度是具足天眼之因。以天眼能照見十方所有眾生死而受生、前生後世、受生何處等。依地道而論，加行道以上的人相續中具足天眼功德，佛陀位居至尊，當然也具足。一般的瑜伽師、空行母也具足此眼，但現在的空行母、瑜伽師有的具足真正的天眼，有的只是具有與天眼相似的一種智慧眼。麥彭仁波切在《智者入門》敘述天眼功德能照見無邊色法。

金剛經釋

慧眼是通過修持無漏資糧依六波羅蜜多而生，其功德可如理如實現見諸法的本性，唯一地至十地之間的聖者菩薩入定時具有。《入中論》云：「如有目者能引導，無量盲人到止境，如是智慧能攝取，無眼功德趣聖果。」此慧眼非指平時俗語所說「慧眼識英雄」之眼，世智聰辯與聖者慧眼有本質的差別。

法眼也是以無漏修持六波羅蜜多為因，其功德可如理如實通達教法和證法之意義，通達與自己相等或比自己下劣的眾生之根基，是一地菩薩到十地菩薩出定時具足的一種功德。《現觀莊嚴論》的一些講義中認為：教法證法的意義全部通達稱為法眼。若一個人是一地菩薩，則對二地菩薩的根基不能了知，但對一地及一地以下加行道、資糧道眾生的根基則能無遺通達。

佛眼是能照見輪涅所攝的一切法本性的智慧，盡所有智、如所有智就是佛眼，依圓滿的福慧二種資糧而生起，其所見範圍寬廣無邊、不可思議，其所境是萬法的

真相，只有無學地佛陀才能徹底獲得。榮敦班智達的《現觀莊嚴論》講義及果仁巴大師的講義中都提及，從一地到十地的菩薩有相似的佛眼，但僅為相似並非真正的佛眼，唯佛陀才具足佛眼功德。

關於五眼的功德，在漢傳佛教中六祖有與眾不同的解釋方法，江味農居士的講義中，講法也有與眾不同之處。

「須菩提！於意云何？恒河中所有沙，佛說是沙不？」

「如是，世尊！如來說是沙。」

「須菩提，你心裡是怎麼認為的呢？就像恒河中所有沙，佛陀是否會說是沙呢？」「是這樣的，世尊，如來說是沙。」

藏譯本及義淨三藏譯本中都沒有此段，但唐玄奘大師的譯文中有。不管此偈在原文中有或沒有，從字面上解釋就是這樣。佛陀具足五眼功德，勝義中照見離一切戲論離八邊的本相，世俗諸法微塵許的差別也不可混雜的照見，每一眾生每一剎那的分別念都照見無餘，所有恒河中的沙，佛智也能無餘照見。世界上的江流湖海眾多，但在浩如煙海的三藏經典中世尊經常引用「恒河沙」，如佛陀在《阿彌陀經》、《無量壽經》、《妙法蓮華經》等諸多佛經中即以恒河沙作比喻，本經亦復如是。

《金剛般若波羅蜜經》釋

「須菩提，於意云何？如一恒河中所有沙，有如是沙等恒河，是諸恒河所有沙數佛世界，如是寧為多不？」

「甚多，世尊！」

「須菩提，你意下如何？一條恒河中所有沙的數目那麼多的恒河，彼等之中的沙粒數，如同此數一樣多的佛國世界，其數是否眾多呢？」須菩提答：「非常多，世尊！」

佛陀所調化的娑婆世界已非常巨大，而如恒河沙數的恒河，其中所有沙數一樣的百千俱胝世界多不多？恒河沙數的河流已不可勝數，何況所有河流中沙數的佛世界，更是多得不可思議。鳩摩羅什大師譯文中只有一個「甚多」，藏文中有「甚多、甚多」，玄奘大師譯文中也有「如是，甚多」，重複詞語具有補充強調的語氣作用。

佛告須菩提：「爾所國土中，所有眾生，若干種心，如來悉知。」

佛告訴須菩提：「如是不可思議的眾多剎土中，所有眾生各自不同的種姓、根基及他們的意樂差別，如來無不知曉，如實照見。」

對凡夫而言，將恒河沙數剎土眾生的根基一一徹底照見是不可思議的，分別念無法想像。如來具足的智慧，凡夫聲聞緣覺乃至菩薩都無法具有。在《賢愚

經》、《百業經》中的公案裡，經常敘述聲聞緣覺無法衡量的範圍，佛陀在一剎那中能無餘照見。《極樂願文》中在解釋「頂禮遍知無量光」的遍知功德時云：佛陀晝夜六時觀照每個眾生，每一個眾生心中的分別念皆能照見，說的每一句話皆能清楚聽見，佛陀日日夜夜觀照眾生，無有散亂時，無有放棄不管時。《入中論》中論述十力功德時云，佛陀依「知遍趣行力」能將六道眾生所有剎那變化的心念與行為全都無餘了知；「種種界智力」能將三千大千世界所有眾生的根基、意樂、界性全部通達無礙。《十地經》中對此有比較廣的解釋。佛的一分功德亦是不可思議。《不可思議經》云：「凡虛空大地，若髮尖能量，諸佛功德海，無數劫難說，離思量言境，是故難思議。」龍樹菩薩在《讚佛論》中也讚歎頌揚了佛身語意的無盡功德，尤其強調了意的功德。

「何以故？如來說：諸心皆為非心，是名為心。」

「為什麼如來能完全通達每個眾生心呢？因為一切眾生心在實相中非真正的心，僅假名稱之為心。」

真正的眾生心是諸法之本性，其本體為本來無生的大空性，而佛智恆時安住於諸法本性中，故對一切眾生的心能無餘了知。在勝義中觀察或安住時，所謂眾生迷亂的心不存在，所謂明清覺心也不存在。心非是心，心的本性就是光明，是離一切戲論的法性本體。《般若八千頌》云：「於心無有心，心性即光明。」在《寶積

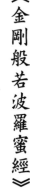

經》中云：迦葉，此心者，於外不隨見，內亦不隨見，二者之中亦不隨見，若遍尋之有無而不可緣也。《楞嚴經》中也有如是分析。所謂的心是一切諸法本來真實的法性，一切心本不是心，但在名言中可以承認為有。此經以教言的方式宣說了心的本性，此與大圓滿中所說心的本性不可得，心性即是法界相同，只是一種以般若智能抉擇，一種以竅訣方式證悟。

「所以者何？須菩提！過去心不可得，現在心不可得，未來心不可得。」

「為什麼心的本性是非心呢？因為在本性上，過去的心無法可得；現在的心無本體顏色相狀等，無法可得；未來的心尚未到來，也無法得到。」

也可以夢觀察過去現在未來之心，如遍知無垢光尊者在《虛幻休息》中說：「昨日前去之諸法，如昨夜夢乃意境；今現無而常顯心，昨夜今夜夢相同；明及明宵未來夢；立遣苦樂諸所現，一切皆作如夢想，剎那不觀實有心。」今現無而常真正去觀察過去心，剛才第一剎那的心現在片跡不留，有的只是一種憶念，並不是前一剎那心的本體。如果過去心的本體現在仍然存在，則應成常有的過失。過去心本體已滅失，現在的心也不可得。一般凡夫認為過去心已消失無蹤，但現在明明清清的心是存在的。而從心的本性、顏色、形狀等方面觀察，正在生起分別念時始終找不到任何實有堪忍的心

識，所以現在心也不可得。若未來心現在能得到，則等同石女兒、虛空中的鮮花也能得到一般。密法中依靠傳承上師的竅訣找尋心的生滅處，以觀察心的來源抉擇過去心不可得，以觀察心的住處抉擇現在心不可得，以觀察心的去處抉擇未來心不可得。不僅心性如此，一切法皆是如此，萬法由心造，心不可得故，一切萬法本性也不可得。《大智度論》中云：一切諸法心不可得故，名為空性。因此顯宗修行著重強調心不隨分別念，在明然境界中安住，《六祖壇經》中云：「心念不起，名為坐，內見自性不動，名為禪。」心不起任何分別念，於現見心之本性中坐禪，如理如實了達自心無來無去的本性，安住無過去、現在、未來之心，三時分別之心自然消逝無蹤。通過三時之觀察，也能抉擇心的本性。《中觀四百論》云：「過去若過去，如何成過去；過去不過去，如何成過去。」現在、未來皆可以此類推，依靠這種方式觀察能夠通達證悟心的本性。不得心之理如《摩訶般若波羅蜜經》云：「須菩提，佛知諸眾生心相不廣不狹、不增不減、不來不去，心相離故，是心不廣不狹乃至不來不去，何以故？是心性無故。」

　　漢傳佛教歷史上有一位宣鑒禪師，童子出家，年輕時即能為人傳法，講得最多的是《金剛經》。因俗姓周，世人稱之為「周金剛」。其人自詡一切法修與不修，學與不學皆已精通。有一次聽說南方禪宗興盛，便

《金剛般若波羅蜜經》釋

起念想：我的智慧首屈一指，南方一帶有些魔眾傳法很厲害，還是去看一看，降妖伏魔。於是他挑著自著的《金剛經.青龍疏鈔》南下，路途中一次買點心時，賣餅子的阿婆問他：「你現在到哪裡去？你以前是做什麼的？」宣鑒禪師說：「我是德山一帶的法師，到此地遊方參學。」阿婆問：「你背的大包袱裡是什麼呢？」禪師說：「內有《金剛經》的疏鈔。」阿婆說：「你懂嗎？」「我不僅懂，而且已經講過多年了。」阿婆說：「我也讀過這部經，有一問題，若師父答得上，願供養點心。經云：『過去心不可得，現在心不可得，未來心不可得。』不知上座欲點哪個心？」宣鑒禪師一時無語可答，於是說：「待我思維一下再回答吧。」後來宣鑒依止龍潭禪師，一日師曰：「夜已深了，你下去休息吧。」宣鑒說：「外面黑。」龍潭禪師搓一紙卷代燭，點著後遞給宣鑒，宣鑒剛接到手裡，龍潭卻「撲」地一下把火吹滅，就在燈熄滅的一剎那，宣鑒禪師恍然大悟。

　　過去曾經有許多大德依三心不可得而證悟，每當瀏覽至此看到《金剛經》的這一句，自覺與大圓滿竅訣觀察心無任何差別，因此奉勸修行人應該經常對照觀心，細心揣度本經中猶若珍寶之甚深教言。

　　「須菩提！於意云何？若有人滿三千大千世界七寶以用布施，是人以是因緣，得福多不？」

「如是，世尊！此人以是因緣，得福甚多。」

「須菩提！若福德有實，如來不說得福德多，以福德無故，如來說得福德多。」

「須菩提，你是怎樣想的，如果有人用盛滿三千大千世界七寶作布施，以此殊勝的因緣，所得福德多否？」須菩提答曰：「世尊，以此殊勝因緣所得的福德非常多。」佛勸誡道：「須菩提！應當明白此理，如果福德實有存在，如來則不說這樣做布施得到的福德多，因為福德無真實存在，故佛在諸經中廣說布施功德之大。」

　　本段經文內容即是講福德資糧在名言中存在。前文已敘說「過去心不可得，現在心不可得，未來心不可得」，有人會生起疑惑：既然三心不可得，那麼積累資糧會不會成無任何意義？回答是否定的。雖然心的本性不可得，但在名言現相中，通過布施積累的福德資糧乃至成佛亦不滅盡，一定會存在。世尊在很多佛經中對後來行持大乘的佛子開示了種種法要，其中相應初學者根基最為殊勝的方便法即是依布施積累資糧、懺除罪障。關於布施的道理與方法類別有多種，此處世尊隨舉一例問須菩提，滿三千大千世界的七寶作布施福德是否很大？三千大千世界的範圍極其廣大，以滿三千大千世界七寶的殊勝因緣作布施，福德當然超離言思，因為因緣所生之法無實有，是空性的緣故。《中論》中云：「因

《金剛般若波羅蜜經》釋

144

緣所生法，我說即是空。」凡是因緣所攝之法全部是空性，是空性之故說布施功德廣大無邊。

　　凡夫人因未證悟空性，對於以諸法空性故布施福德非常大的觀點不易接受，但當緣起空性法在相續中真正生起定解時，就會了知一切諸法皆是空性，無有芝麻許的諦實存在。諸法無實的緣故，安立因果合乎道理、順應法性，布施功德也能成立。同時，以究竟細微的道理做觀察，可發現福德無任何實質性的存在，如果有實質性存在，則佛在經中根本不會說布施有極大功德，不住相布施功德不可思量。因此當知，學道中著重斷除的障礙就是對諸法有諦實相的執著，《入菩薩行》中云：「見聞與覺知，於此不遮除。此處所遮者，苦因執諦實。」學道位中不是破見聞覺知，此處關鍵是要破除痛苦之因—— 執諸法實有的諦實觀念，這是輪迴痛苦的根本。達摩祖師抵達中土後，梁武帝問大師：我自登基以來，造佛像、印經書、布施、供僧等善行，並為三寶做了不可勝數的事情，功德很大吧！達摩祖師說：沒有一點功德，只是人天小果，有漏之因。此說明福德本來不實，如果執為實有則無任何功德，因為實有的法，不能產生功德。佛教承認緣起空性，因緣具足，一切法如夢如幻顯現，因緣和合時布施的功德也會顯現，因此如來在眾多的經典說布施功德不可思議。

　　「須菩提！於意云何？佛可以具足色身見不？」

「不也，世尊！如來不應以具足色身見。何以故？如來說具足色身，即非具足色身，是名具足色身。」

「須菩提，你意下如何？見到佛身相好是否即見如來？」須菩提說：「世尊！不能以見佛色身得見如來。為什麼呢？因為如來在經中說：具足色身並非具足色身，假名而已。」

本經中多處將世俗、勝義法要結合宣說諸法本性，這裡也是如此。世俗因果規律中有福德資糧產生佛的色身、智能資糧產生法身的特殊因緣關係存在。龍猛菩薩在《六十正理論》中云：「以此諸善根，迴向諸眾生，積福慧資糧，願眾得二身。」也許有人會產生既然福德資糧產生如來色身，色身會不會成為實有的疑問。以理剖析，則不難了知，福德產生色身只不過在名言中可以承認，勝義中色身與福德均遠離戲論無可緣執，二者既不是分離獨立個別的法，也不是因緣聚合能生所生的關係。《涅槃經》中云：「色是無常，因滅是色，獲得解脫常住之色。」色法是無常的本性，應該滅盡對色相的執著獲得解脫，而獲得無任何色相執著與平等大空雙運的常住之色。《大乘起信論》中云：「以法身是色實體故，能現種種色。」不懂大乘經典教義者會感覺自相矛盾：法身怎麼變成色體，色體怎麼會顯現色呢？真正了義大乘經典中抉擇究竟法界實相時可以以正理這樣安立：如來色身非色身，色身即是本空離戲的光明，「色

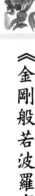

《金剛般若波羅蜜經》釋

146

即是空，空即是色」也就是這個道理。

「須菩提！於意云何？如來可以具足諸相見不？」

「不也，世尊！如來不應以具足諸相見。何以故？如來說諸相具足，即非具足，是名諸相具足。」

「須菩提，你意下如何？能否以見如來所具足的諸妙相，而認為已見到如來？」「不能，世尊，如來不能以見具足妙相的外相而見。為什麼呢？所謂的諸相具足，實相中並不成立，只是名言中隨順世間眾生而安立為諸相具足。」

日常中佛子經常在金光璀璨、形象端嚴的佛像前作頂禮、供養。佛在世時，信心清淨堅定者可以現見佛的光明與不共同的莊嚴法相，而外道與無緣者所見則不莊嚴。於此佛在顯現中如幻般具足三十二相，乃是一個真實滅盡的標誌，但並非以實有存在的相好為表示，愚者用身相去求佛不合實相之理。《妙法蓮華經》中云：「若得作佛時，具三十二相，天人夜叉眾，龍神等恭敬，是時乃可謂，永盡滅無餘。」平時所見的具足相好的佛像，暫時可以承認是清淨的加持相，詳細觀察則可了知諸如此類的現相並非究竟。值得注意的是不能因相似了知此理而墮於斷空見，不取捨因果對佛像不恭敬，從而造下墮落的惡業。大小乘法只有在具相法器面前可以宣說，非法器面前不能宣說，因無智之人通常會顛倒執著斷滅的邪見。智者應當了知，平日所見的佛菩薩

聖像並非了義，以形相見不到真正的佛，什麼時候徹悟心的本來面目而開悟，什麼時候就見到了以相狀不能衡量的真實之佛。禪宗裡稱之為明心見性，古代的高僧大德也稱為明心見佛，即是此理。如來在經中說：所謂的相並非是相。名言中的相以勝義理觀察時，皆不存在、不具足。如來本相是一種不可思議的境界，不可能用有限的語言文字表達，用色法表示也非常困難。凡夫認為如來或者有相或者無相，而此見解皆不合實理，如來境界遠離言說、不可思議故，凡夫無法衡量。如物體的影像雖可在鏡子中顯現，但只是影像，並非實質物體，同樣，凡夫所見諸法也只是影像，並非如來的真正本性。本經云：「凡所有相，皆是虛妄。」也說明了所有有相皆非真實存在的道理。《摩訶般若波羅蜜經》亦云：「佛知一切法如相，非不如相，不異相，得是如相故，佛名如來。」

「須菩提！汝勿謂如來作是念：『我當有所說法。』莫作是念，何以故？若人言如來有所說法，即為謗佛，不能解我所說故。」

「須菩提，你等不應說如來會如此想：『我當有所說法』，亦不應想如來轉了三次法輪有所說法，為什麼呢？如果世人認為如來說過法，此人在故意誹謗佛法，因他不能完全了解佛說法之密意故。」

世尊轉了三次法輪，宣講了八萬四千法藏，為什麼

《金剛般若波羅蜜經》釋

這裡說認為佛有說法是在謗佛？未解佛經義理的人無法接受顯空無二的究竟正見，會有這樣的疑問。從一方面觀察，暫時迷亂眾生前佛確實顯現為眾生說法，佛陀本人也承認過去有無量如來出世，說過佛法，如《法華經》云：「佛說過去世，無量滅度佛，安住方便中，亦皆說是法。」另一方面從諸法實相或究竟法性上可以明確，佛陀從未說過法，佛說法皆是名言假象。凡是依靠名言而宣說的佛法皆無實有，此是諸法的法性規律。經云：「凡以諸名言，宣說諸佛法，是法皆無有，此乃諸法性。」禪宗《證道歌》中亦云：「默時說，說時默。」因此從最究竟的實相上來講佛從未說過任何法。

若人言世尊與三世諸佛說法度生，此人已毀謗諸佛。未深入修學佛法，於佛所說經典深義不能解了者，於此深義會產生諸多分別疑惑：佛經中明確記載了世尊三轉法輪的史實，為什麼佛於這部經中說認為佛轉法輪即為謗佛，佛陀的說法似乎自相矛盾。但以中觀智慧寶劍分開二諦時，佛的密意躍然而出。雖然名言中諸法無欺顯現，卻是顯而無有自性。世尊顯現三轉法輪，說法度化天邊無際的眾生，亦無少許堪忍，於實相中，轉法輪者、所轉的法輪以及被度化的眾生都如同虛空中幻顯的彩虹，亦如白日醒覺位時不現夜晚的夢幻。

「須菩提！說法者，無法可說，是名說法。」

「須菩提，所謂的說法，實際中無有任何可說之

法，唯是名言假立為說法。」

毗盧遮那佛、釋迦牟尼佛乃至十方三世諸佛世尊，一切弘傳住持正法者，於真實諦中皆不存在，所說之法與所化眾生皆非實有。無法可說在名言中可以稱為法，勝義中無可說，無說即是說法。分析經文時首先應以中觀抉擇方式明辯二諦，再就不同特點的問題具體深入。此處世尊於究竟實相上無任何所化眾生、轉法輪等的分別念，如來時時安住於三輪體空的境界，說法者只是在未斷二障的顛倒眾生前如幻化八喻之顯現，實相則如《金光明經》中所云：「佛無是念：我今演說十二分教利益有情。」《大涅槃經》等諸多經論中皆云：世尊自成佛日起至涅槃日止，未曾說過一字一句。如本經前文所述，若言如來有所說法即為謗佛，不能解我所說故。

爾時，慧命須菩提白佛言：「世尊！頗有眾生，於未來世，聞說是法，生信心不？」

佛言：「須菩提！彼非眾生，非不眾生。何以故？須菩提！眾生眾生者，如來說非眾生，是名眾生。」

此時，須菩提於佛前請問：「世尊！未來末法五百年，有許多眾生在聽聞這個法時是否會生起極大信心獲得利益？」世尊回答：「須菩提，勝義中眾生的本性不可得，在世俗中可以有如幻如夢的所化眾生。為什麼呢？須菩提，眾因緣所生之眾生者，如來說過並非是眾生，名言中稱為眾生。」

前文已述末法五百年時，會有眾生對此經生起信心獲得饒益，佛以盡所有智無餘知曉，徹見這些眾生。名言量前這是不可否認的，但這裡佛主要回答未來生信的眾生也非實有存在。在勝義實相中無一法實有，所謂的眾生不是眾生，本性完全不成立，只在名言中有如幻如夢的顯現。如云：「猶如依支聚，可稱為車輪，如是依蘊聚，世俗名眾生。」依靠分支組成的聚合體可名之為車輪，實際車輪無有實體存在；同理依五蘊的聚合，世俗中可稱為眾生，而實相中所謂眾生並不存在。《中觀寶鬘論》云：「如削芭蕉樹，支分盡無實，士夫析六界，無實亦同彼。」如同削芭蕉樹一樣，分析地水火風空識的六界時，一點也無實有存在，而眾生也如芭蕉樹一樣無實。《月燈三昧經》亦云：「如濕芭蕉樹，人折求其堅，內外不得實，諸法亦復然。」無垢光尊者說：被無明煩惱所蔽，未如實了達真如之義的士夫為眾生，反之則非眾生。六祖亦云：「自性迷佛即眾生，自性悟，眾生即是佛。」

　　須菩提白佛言：「世尊！佛得阿耨多羅三藐三菩提，為無所得耶？」

　　佛言：「如是！如是！須菩提！我於阿耨多羅三藐三菩提，乃至無有少法可得，是名阿耨多羅三藐三菩提。」

　　須菩提言：「佛得無上正等覺果位，於實相中無有

151

所得。」佛答須菩提：「很正確，我於無上圓滿正等覺果位，在實相中乃至無少法可得，在名言中假名為無上正等覺果。」

觀待世俗名言，佛陀確實獲得了共與不共的智慧，如十力四無畏，同時也具足各種相好與功德。而在勝義實相中，圓滿正等覺佛果亦無可得。龍猛菩薩論典中云：「無棄亦無得，不斷亦不常，不生亦不滅，是說名涅槃。」真正涅槃無可得之相。遍智無垢光尊者於《大圓滿心性休息》中也說：依實相勝義諦衡量，佛陀所得的法也不存在。嘎瑪拉希拉說：佛陀果位有所得是從學道而言，無所得是從無學道而言。所以說世俗名言諦中不可思議的功德，究竟實相中以正理觀察抉擇時，無絲毫實質可得。

「復次，須菩提！是法平等，無有高下，是名阿耨多羅三藐三菩提。」

佛陀又說：「須菩提，一切法平等無有高下，即是法性真實義。」

諸法平等，不僅指輪涅平等，也指顯現和空性平等、世俗和勝義平等。《維摩詰經》云：無論顯現和空性，眾生和佛陀全部平等。《華嚴經》中云：「我與一切佛，自性平等住。」麥彭仁波切在《大幻化網總說光明藏論》中也引用過此教證，闡述釋迦牟尼佛與十方一切諸佛自性平等，無有高下。從實相上看，世尊與眾生

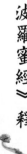

無有差別，地獄和涅槃其性平等。《大乘起信論》中云：「一切法從本已來，離言說相，離名字相，離心緣相，畢竟平等，無有變異。」

「以無我、無人、無眾生、無壽者，修一切善法，則得阿耨多羅三藐三菩提。須菩提！所言善法者，如來說即非善法，是名善法。」

「遠離我、人、眾生、壽者等一切執著，修持一切善法，即可獲得無上圓滿正等覺的佛果。須菩提！所謂的善法如來說不是善法，而假名為善法。」

如果將佛陀和眾生或基道果看待為堅固的實質法，始終無法獲得究竟的果位。《六祖壇經》云「此心本淨無可取捨」，即是說自心要清淨，修持時不能有人我與法我，或者說遠離四相，以此方式才可以得到究竟佛果，否則所有善法全部變成暫時人天福報之因，不能直至菩提。有些未抉擇過甚深空性法義的修行者，把積累資糧獲得佛陀果位執著為實有，將自己所積累的少許善業認為永遠不會毀滅，恆常堅固實有不滅。雖然暫時在名言中，佛陀說了因果不虛的道理，但最究竟實相上所有基道果，及輪涅所攝的一切諸法，都是無生的大空性。真正本體實有的佛果永遠不存在，因而也不可得，唯有認知此理，依見解修持才能得到無上圓滿的佛果。《楞嚴經》云：「圓滿菩提歸無所得。」世俗顯法中可以承認獲得阿耨多羅三藐三菩提，但以實相理論觀察

時，首先發勝義菩提心遠離四相，最後方得無實相之佛果。

帝洛巴祖師云：「顯現非縛執著縛，當斷貪執那若巴。」學修此經者，了知此理後應於善根等一切法減少執著，如果執著未曾減少、煩惱依然深重，則修任何善法雖有暫時功德，始終會成輪迴之因。修行者相續一定要以三輪體空來攝持，才能成為究竟解脫正因。因此，智慧不能離開大悲，大悲不能離開智慧，二者雙運一味，以如是正見攝一切法，方為學佛之道。全知麥彭仁波切在《光明藏論》中，將十一種續事全部抉擇為大圓滿離一切戲論，依成就聖者的智慧，可知《金剛經》與大圓滿無任何差別。若未以理抉擇一切諸法本體空性，修任何法亦無法成就，只有在空性見解基礎上，遠離四相修持善法，才能獲得真正的無上正等覺果位。

所謂的善法，分隨福德分的十善，與隨解脫分的四禪、四無色界之因或三十七道品等善法。這些法於世俗中雖如夢如幻顯現，然而究竟實相中，所修持的善法亦無可修，善法只是暫時的一種方便法。六祖云：「不思善，不思惡。」既不思維善，也不思維不善，究竟來說修持中沒有任何善惡可依。六祖又云：「修一切善法希望果報，即非善法。」任何一個修行人若執取善業果報，就不是善法。《華嚴經》云：「忘失菩提心，修諸善根，是為魔業。」因此名言中善法雖是解脫之因，獲

《金剛般若波羅蜜經》釋

得幸福安樂，但從勝義實相角度而言，十善六度也並非真實存在。此無倒甚深大乘正理，唯於大乘佛法興盛的地方人們易接受，小乘佛法興盛的國家，人們則特別執著修持善法，並且始終認為佛的身相永恆不滅，能獲得有實質性的佛果。如此執著實有的凡夫雖有信心，有一定的佛法因緣，但對空性法未曾深入聞思研習之故，於生死中不能出離，著實令人遺憾痛惜。針對人們對善法的嚴重執著，禪宗和尚說：不管黑狗、白狗，咬出的血全是紅色；同理，不管對善法、惡法的執著，都是一種執著，實為輪迴之因。

未曾深入細緻的廣泛聞思者，表面上雖然發心清淨，精進磕頭、燒香、供齋等善法，但由於未證悟空性法門的緣故，總是耽著於希求真實存在的佛陀和解脫之網。當然相對業障深重的凡夫，頃刻之間證悟空性境界確實有困難，但通過再三的觀察思維，如理作意，放棄對基道果的執著，也可趨入空性。但初學者需警惕又墮於一邊，放下不是不修持，無智淺學者往往認為不是有即是無，放下就是什麼善法都不用修持，如是趨入斷見邪道。末法時代，真正如理宣說弘揚般若法門者寥若晨星，聽聞受持者也極為罕見，現在多數人只是表面學佛的持形象者，並未真正明白了解佛的密意。不說真正懂般若空性之理，字面上是否能解釋都會令人懷疑。末法時代持正見者，尤其應維護自己的見解，否則諸多邪見

155

等損害因緣，隨時會損害自己。希望有緣聽聞此經的人業際不顛倒，見解行為穩固如山，不要像池中枯水一樣逐漸減少，有減無增，而應以般若攝萬行，燈燈相傳、光明互映。

「須菩提！若三千大千世界中所有諸須彌山王，如是等七寶聚，有人持用布施。若人以此《般若波羅蜜經》乃至四句偈等，受持、讀誦、為他人說，於前福德百分不及一，百千萬億分，乃至算數譬喻所不能及。」

「須菩提，如果聚集整個三千大千世界中所有像須彌山一樣大的金銀等七寶供養布施眾生，功德不可思議、無法言喻。然而，不必說念誦、受持全經為他人說，哪怕僅僅受持其中四句偈的功德，即已遠遠超過前面的功德。以七寶布施的功德比不上法施的百分之一、百千萬億分之一，甚至數、喻無法表達衡量。」

「三千大千世界中所有諸須彌山王，如是等七寶聚，有人持用布施」有兩方面的解釋：一是用遍滿三千大千世界所有須彌山的七寶作布施，一是用如須彌山一樣大的七寶作布施。

於此般若超勝之理，一方面因般若是一切諸佛之母，是諸佛本源、佛性種子故，持誦此經實際已成修持諸佛菩薩之因；另一方面《般若經》是於自相續中真正生起如來智慧之因，十方三世一切諸佛皆依《般若經》而成就正等覺的果位，所以僅以四句偈持誦為他人

《金剛般若波羅蜜經》釋

說，即是種下解脫成佛的善根，其功德非常廣大，勝過七寶布施功德。久尼夏智云：財布施是人天福報之因，可召感天人、轉輪王等受用圓滿的果位，而持誦般若空性經典可證悟諸法本相，是最殊勝圓滿的成佛之因。財布施的功德易於滅盡，猶如死水；持誦般若經典證悟空性作法施的功德如大海，遠遠勝過其他功德。唐玄宗皇帝云：「三千七寶雖多，用盡還歸生滅；四句經文雖少，悟之直至菩提。」遍滿三千大千世界七寶布施，初聞似乎功德很大，實際此善業還是不離生滅的本性，四句偈子的經文雖少，但證悟即可直至菩提，當下獲得正等覺佛的果位。由此可知，無論如何龐大的財布施，若無有智慧攝受，也還是無常生滅法的本性，並非成佛之因；若已證悟很少的四句般若經文，則當下獲得菩提果位。般若法是直接成就菩提之因，《心經》云：「三世諸佛，依般若波羅蜜多故，得阿耨多羅三藐三菩提。」《小品般若經》亦云：「過去諸佛以般若波羅蜜多得阿耨多羅三藐三菩提，現在十方無量佛也以般若波羅蜜多得阿耨多羅三藐三菩提。」《六祖壇經》云：「若起正真般若觀照，一剎那間妄念俱滅；若識自性，一悟即至佛地。」如果自己相續中已生起般若空性智慧，一剎那間將妄念全部熄滅，並且認識本性直至菩提佛果。凡夫執著於有法，以他人作財布施功德大並且願意隨喜，而不認為令人在相續中生起般若智慧功德更大，希望見聞

金剛經釋

知曉此理者，應明二者的功德大小，使自相續中生起正見。

「須菩提！於意云何？汝等勿謂如來作是念：『我當度眾生。』須菩提！莫作是念。何以故？實無有眾生如來度者。若有眾生如來度者，如來則有我、人眾生、壽者。」

「須菩提，你意下如何？你等不應以為佛有如是的分別念『我應當度眾生』，須菩提，不要這樣想，為什麼呢？實際上無有眾生如來所度。如果如來有度化的眾生，如來就有我、人、眾生、壽者四相的執著。」

佛說為度眾生而做法布施的功德極大，但從勝義實相的角度而言，對此不應有任何相狀執著，任何相執都是障礙。從名言中說每一個修行者，都應發無上菩提心，度化無量眾生，諸佛菩薩也曾如是發願於現世中度化無量有情。《妙法蓮華經》云：「一切諸如來，以無量方便，度脫諸眾生，入佛無漏智。若有聞法者，無一不成佛。」一切諸佛以無量方便令一切眾生趣入如來的無漏智慧。佛陀以智慧方便度化眾生，不同於凡夫以分別念度化眾生，《大律經》宣說四種度化眾生的方式：一、法施度即世尊轉八萬四千法門，宣說十二部經度化眾生；二、身力度即以身體形象度化眾生，如具足種種相好的莊嚴身相令眾生歡喜愛樂，種下善根得以度化；三、神通力度，即在有緣的眾生前顯現各種神通神

變以度化之；四、名號度，《賢劫經》中云：聽聞釋迦牟尼佛的名號即不會墮落。修行人於世俗中應該有「我當度眾生」的願心，但在實相中，能化所化都不存在，一切如夢幻泡影乃至離一切戲論。《圓覺經》中云：所謂眾生實際是心所證知，名言中顯現存在。所化眾生是所證而已，觀待勝義，所度化的眾生並不成立。眾生本來是佛，還要去度化使之成佛，即成了矛盾之語。六祖云：從實相上講眾生本來是佛，佛再三說要度化，成了妄語。因此佛經中再申究竟了義的實相中，眾生本來是佛，若有眾生如來可度，如來即有四相的執著，如來即非如來而成凡夫。有任何執著即得不到涅槃，不名如來，所以如來有眾生可度是非理之說。

「須菩提！如來說有我者，即非有我，而凡夫之人，以為有我。須菩提！凡夫者，如來說則非凡夫，是名凡夫。」

「須菩提，觀待迷亂眾生的顯法中，如來說有我，實際真實義中並非如是，而凡夫人錯誤地認為有我，生起各種執著。而這些所謂的凡夫，如來說並非真實存在的凡夫，假名安立為凡夫。」

諸佛或說我或說無我，而諸法實相中，無我無非我。未斷盡我、我所執之前，自相煩惱尚未減少，對事物經常生起我執，這樣的眾生可稱為凡夫。而在法界本來實相中無一法可立，《中論》中云：「如來所有性，

金剛經釋

即是世間性。」《大乘五蘊論》中云：「云何異生性，謂於諸聖法不得為性。」凡夫指對聖法未加揣摩、研究，不了解勝義本性，於佛法無真實信心的眾生。所謂異生是指在六道輪迴中不依其他助緣，各隨業力在六趣中轉生。凡未學習宗派，沒有達到一定修行境界時，認為確確實實存在實有的我，聖者完全了達無我之理，並且現證諸法無我，所有根本不會再執著有我，其根本慧定面前沒有凡夫，非凡夫亦無。《維摩詰經》云：「非得果非不得果，非凡夫非離凡夫法，非聖人非不聖人。」與本文意義相同，未得實有果也並不是不得果，無凡夫也無非凡夫法，沒有聖人，也沒有非聖人，總之在世俗名言中可以安立凡夫等種種假名，但凡夫與佛陀在真如本性上無二無別，因此所謂凡夫在實相中不存在，證悟人無我與非證悟也不存在。

「須菩提！於意云何？可以三十二相觀如來不？」

須菩提言：「如是！如是！以三十二相觀如來。」

佛言：「須菩提！若以三十二相觀如來者，轉輪聖王則是如來。」

佛問：「須菩提，名言中一切諸法無欺顯現，並且諸法皆有各別自相，那麼能否以三十二清淨相看待如來？須菩提言：三十二相、八十隨好是佛的福德功德所致，見相好即可見如來。佛對須菩提說：如果以三十二相可以見到如來，轉輪聖王也具足三十二相，他也就成

如來了。」

　　觀待凡夫就會有聖者，進而引申出凡聖差別之相，如來具足三十二種眾生所不具的清淨妙相。圓滿殊妙之相好，都是佛在因地經過多生累劫的積集福德資糧而現前成就，在《中觀寶鬘論》中廣泛細緻地敍述了成就如來微妙相之因。佛是具有不共殊勝功德的聖尊，然而為什麼佛否定了須菩提的觀點呢？一方面世尊以推理方式駁斥須菩提的錯誤：如果以三十二相可見如來，則轉輪王成了如來，因轉輪王亦有三十二相，因此如果說三十二相可代表如來，在語句上已成為明顯的錯誤。從因明上講，如果轉輪王成如來，也有世尊不需出家修道等諸多過失。另外，如來與轉輪王的三十二相也有差別，在《俱舍論》中列舉了三種主要差別：一是明與不明顯的差別；二圓滿與圓滿的差別；三諸相位置端正與不端正的差別。佛相好莊嚴極其明顯，而轉輪王的相好需要仔細觀看，不詳細看則看不出來；佛的相好圓滿無缺，如十五滿月，而轉輪王一些相好尚有欠缺，並不十分圓滿；以肉髻為例說明，佛的肉髻生在固定的位置上，不會偏左或偏右，而轉輪王的相好，有時偏左有時偏右，並不是非常莊嚴。

　　須菩提白佛言：「世尊！如我解佛所說義，不應以三十二相觀如來。」

　　爾時，世尊而說偈言：「若以色見我，以音聲求

我，是人行邪道，不能見如來。」

須菩提對佛陳白：「世尊，依我對佛所說義的理解，不應以三十二相看待如來。」此時，世尊用偈文方式宣說了自己的真正的密意：「如果以色見到我，以音聲來求我，則此人已步入邪道，不能見如來本面。」

至此世尊不再以迂迴輾轉的方式導引，而是直接切入實相本義，以偈文宣說。漢傳佛教、藏傳佛教的高僧大德經常引用此偈做教證，宗喀巴大師的《根本慧論大疏》、榮索班智達的《入大乘論》、全知無垢光尊者的《七寶藏》以及麥彭仁波切的一些論中都曾引用過。此偈道出如來的真正密意：名言中有緣弟子所見到的如來的不共莊嚴身相，只不過是暫時清淨的現相，從法身空性的角度而言，不管在顯宗、密宗，都承認那不是真正的如來。但應注意，不應執斷空之見，認為恭敬釋佛像無有功德，名言中還是有功德。只不過在勝義諦而言，將佛的各種身相莊嚴看成是佛，是一種錯誤。而且以各種聲音來求見佛也是不了義的，這樣的修行者也非真正的修行者，彼等已經趨入了邪道。此處邪道指的是修行歧途，並非世間的邪魔外道，漢傳佛教解釋為世間所有相狀執著即是邪見，即未分了義與不了義。《六祖壇經》云：「正見名出世，邪見是世間。」即出世間法是真正的正見，而邪見是世間法。佛陀無論示現涅槃與否，皆沒有實有的五蘊與我。如果將佛陀看作一種有形

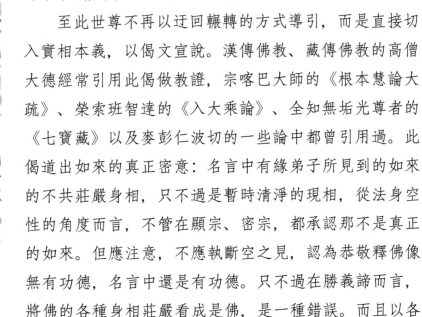

《金剛般若波羅蜜經》釋

的色法，完全是一種錯誤，執相者未趨入法性，故不能見到如來的本相。《中論》云：「邪見深厚者，則說無如來，如來寂滅相，分別有亦非。」邪見深重的人認為如來不存在，把如來寂滅相認為有也不合理。真正的如來相就是現前心的本性，諸法的法性，名言中佛相是暫時的假立。《大寶積經》云：「一切諸法悉如幻化，是中無我無人無眾生無壽命……無佛無法無僧。」《諸法無生經》中云：「無佛無法亦無僧，誰知此理乃智者。」不了解大乘佛法的人見聞此實相法句義，可能會生起恐怖害怕之感，其實無需怖畏，因真正的法相，一切法本性如此，應了知此理避免「以色見如來、以音聲求如來」的邪道。

藏文譯本中此偈後還有一偈，玄奘義淨法師的譯本中也有，只有鳩摩羅什法師的譯本中無，可能是翻譯或流傳的過程中疏漏所致。後一偈即「應觀佛法性，即導師法身，法性非所識，故彼不能了」。應當把佛的本性觀為法性，也是引導眾生的導師之法身，這樣的法性離一切戲論，非一般凡夫俗子的分別念所能測度、衡量。《入菩薩行》中亦云：「勝義非意境，說意是世俗。」勝義諦不是分別心的境界，心及心所之境被稱為世俗諦。佛經中云：「天子，若勝義諦是身語意之境，則不是勝義諦，而成世俗諦耶。天子，然其勝義諦者，遠離一切名言，於真實中不生不滅，離一切能說所說及能知

所知，乃至超離具勝一切智智之境，此為勝義諦也。」

《妙法蓮華經》云：「假使滿世間，皆如舍利弗，盡思共度量，不能測佛智。」又云「無漏不思議，甚深微妙法，我今已具得，唯我知是相，十方佛亦然。」

「須菩提！汝若作是念：『如來（不）以具足相故，得阿耨多羅三藐三菩提。』須菩提，莫作是念：如來不以具足相故，得阿耨多羅三藐三菩提。」

如果認為「如來因為具足相之緣故，得無上正等覺果位」是不合理的。須菩提，你等也不要這樣作意：因為如來並不是以具足相的緣故，獲得無上圓滿正等覺果。

此處第一句「如來不以具足相故」中的「不」字，藏譯本與玄奘、義淨法師譯本中均無，可能是久遠流傳過程中誤添加的字，連貫上下言語意義來看，沒有「不」字更通暢連貫。前段經文剛剛講了如來正等覺不能以相好具足與否來衡量，此處世尊於經中再重申，以相獲得如來正等覺不應理。所謂的相在《楞伽經》中云：「相者，若處所形相、色像等現，是名為相。」處所形相、色相等一切顯相稱為相，不論如來的莊嚴妙相還是凡夫平常處所相，都不是真實究竟之相。所謂的相是因緣所生之法，其本體為空性，顯相上似乎有，實際中依因緣所生的法全部是空相而非勝義實相。希望學者千萬不要認為可以種種妙相得見如來，此種錯誤認識者

易墮入常邊，始終無法獲得無上正等覺的果位。

「須菩提，汝若作是念，發阿耨多羅三藐三菩提心者，說諸法斷滅。莫作是念！何以故？發阿耨多羅三藐三菩提心者，於法不說斷滅相。」

「須菩提，你等如果這樣認為，發無上菩提心者會執著一切諸法都是斷滅空性，承認一切法是斷滅之空。這種想法成非理之見，因為發無上正等覺心者對一切法不說為斷滅相。」

中觀指出，如果過去有現在沒有是一種斷見；或抉擇諸法本性時，顯現沒有單單承認是空邊，這也是一種斷見。如片面看待世間規律，認為因果沒有、輪迴無有、得三菩提三解脫子虛烏有等，執諸佛斷滅一切緣起諸相，執一切為空無斷滅，這就是一種斷見。《心經》中也說：「舍利子！是諸法空相，不生不滅，不垢不淨，不增不減。」諸法的真正實相是顯空不二、不生不滅、不增不減、不垢不淨的法性。如果認為諸法實相是斷滅，即是非理之說，因此見已墮入斷滅之邊故。《中論》中認為斷滅空見是一種始終不能恢復的邊見，真正實相中無有一法的本性可生可滅，如果承認滅法，這種滅法的境界確實無法恢復。從修行角度而言，滅法是無色界禪定境界；從見解上而言，遍智無垢光尊者將其批駁為一種外道邪見。因此發了大乘菩提心的人，不說諸法斷滅，若有此斷滅之見，也不會是真正大乘發菩提心

者。

「須菩提！若菩薩以滿恒河沙等世界七寶持用布施；若復有人知一切法無我，得成於忍，此菩薩勝前菩薩所得功德。」

「須菩提，如果菩薩以遍滿恒河沙數世界的七寶布施，其功德固然不可思量；但如果有人了知一切法無我，且已得無生法忍，此菩薩的功德遠遠超勝前者。」

僅僅施予畜生一搏之食的善法，其果報也不可思議，何況以遍滿恒河沙數世界七寶布施眾生的功德？對初入佛門者而言，平常上供下施、供養上師三寶或布施乞丐孤貧的功德非常大，但如果通過聞思修行，對佛所說般若空性法理生起定解，其功德遠超前者。由此可知，平時表面的布施，心不清淨故不一定有很大功德，而在相續中如理生起聞慧、思慧、修慧中的任意一種，哪怕是僅僅一剎那間觀修空性，對無我法生起堅定不退轉的定解，其功德無可言喻。

環境對人有很大影響，許多人以三寶聖地等外緣加持，會自然趨入佛法正見，而漢地千千萬萬人都是持邪見者，極少有修持正法者，以此自心隨外境轉於邊見而難以保持穩固正見。世間愚昧的凡夫根本不懂佛法的道理，在痛苦來臨時，根本不知以正確的心態去對待，從而枉受諸苦。佛法最殊勝的精華即是無生法忍般若法門，內道弟子學修佛法對此法門生起不退信心，至關重

《金剛般若波羅蜜經》釋

要。《大智度論》云：「菩薩位者，無生法忍是，得此法忍觀一切世間空，心無所著，住諸法實相中，不復染世間。」對於無生滅的諸法實相真正通達無礙，得到不退轉的境界後，只需在此境界中刹那安住，其功德已遠遠勝過他人相似布施之功德，因為此菩薩已沒有任何實相的執著，住真實法性義之功德極為殊勝。

「何以故？須菩提！以諸菩薩不受福德故。」

須菩提白佛言：「世尊！云何菩薩不受福德？」

「須菩提！菩薩所作福德，不應貪著，是故說不受福德。」

「為什麼得無生法忍境界的功德已遠遠超過了布施的功德？因為菩薩不受福德。」須菩提問佛：「世尊，為什麼菩薩不受福德？」佛言：「須菩提，菩薩對所作善事得到的福德，不應貪著執取任何相狀，所以說不受福德。」

《六祖壇經》中云：真正所得的功德實際是一種空性。從名言顯現方面講積累福德資糧，顯現色身，但是究竟的勝義實相中一切都不存在。在菩薩的境界沒有可得的智慧與福德，不貪著任何法相，如《心經》云：「無智亦無得。」菩薩以般若空慧攝一切修法，斷除貪執果位的所知障，住於大等性。《維摩詰經》中云：「諸法究竟無所有。」如果福德自相實有存在，則以滿恒河沙數世界七寶布施，也不能得到任何福德，任何法

167

也不能顯現。《定解寶燈論》中廣述菩薩所得的智能，只是暫時道中的一種所證之法，法身境界若以分別尋伺衡量則成非理之舉，因此應觀諸法實相為空性。

「須菩提！若有人言：如來若來若去、若坐若臥。是人不解我所說義。何以故？如來者，無所從來，亦無所去，故名如來。」

「須菩提，如果有人依著相分別說如來有來有去，有坐有臥，此人根本未理解佛說法之密意。因為所謂如來，無有來亦無有去，其性無有遷變，以此故名之為如來。」

如來與凡夫眾生有天淵之別，如來已如理如實來到或證達諸法本地。顯密共同承認，凡夫眾生是漂泊流轉於輪迴中有迷亂顯現的有情。世間凡夫的見解紛繁複雜，多數人認定如來有來有去，是基於這樣的史實：世尊從兜率天降生閻浮提藍毗尼園，苦行六年，於印度金剛座菩提樹下夜睹明星，豁然大悟，成就無上正覺後，廣度有緣。如來有住的地方，世尊在靈鷲山等十大聖地分別說法，在嘎亞郭拉地方駐足25年，世尊也示現如何修行、吃飯等，尤其在小乘的戒律詳細記載世尊居住、結夏、化緣入座等的地方，最終世尊住世84年後示現涅槃，趨入清淨剎土。如是種種顯現在眾生眼識前現量成立，在世俗中毫無疑問應當承認。而從勝義實相分析，如來無來無去，上述承認完全是一種錯誤觀念，依現象

《金剛般若波羅蜜經》釋

判斷如來有來去，說明彼人沒有真正了解如來的實相。佛經云：「諸法自性無所住，無來無去如虛空。」常啼菩薩求般若法的公案中，常啼菩薩見到法勝菩薩後，問自己在路上見到的佛從何而來，去於何處，法勝菩薩因而宣講了《諸佛無來無去品》。此無來無去品中，以眾多如陽焰水等比喻說明諸法無自性，如來無來住去。《老婦請問經》中云：一切諸法無生如鼓聲一樣，暫時顯現聲音，實際鼓聲無有任何來源。真正的鼓聲既不在鼓上也不在手上，始終得不到一個真正實有自性的鼓聲，以此無來無去的鼓聲比喻如來的無來無去。

「須菩提！若善男子、善女人，以三千大千世界碎為微塵，於意云何？是微塵眾寧為多不？」

「甚多。世尊！何以故？若是微塵眾實有者，佛則不說是微塵眾，所以者何？佛說：微塵眾，則非微塵眾，是名微塵眾。」

「須菩提，如果有善男子善女人，將整個三千大千世界碎為微塵，其微塵之數是不是很多？」須菩提回答說：「非常多，世尊，為什麼呢？如果微塵眾實有，世尊根本不可能說是微塵眾，為什麼呢？佛說所謂的微塵眾根本不是微塵眾，只是假名安立為微塵眾。」

即使一個碗碎為微塵也不可勝數，無法衡量，何況將組成三千大千世界全部碎為微塵呢？但是實相中微塵眾並非實有，名言中任何一個法都是這樣，因一切法本

來無實有，所以說是微塵眾。如果微塵實有，則不可能依理抉擇為空性。小乘認為無分微塵是一切法的基礎，勝義諦中此微塵成實存在；外道認為微塵常有、實有不變，凡夫人的分別智慧有限，依彼非正量的思維認為微塵極其渺小細微，無法繼續分析觀察，故是常有。而實際上不僅中觀宗派不承許，即使因明宗派也不會承認微塵成實常有。從名言角度出發，佛也在各類經典中說微塵多，一個微塵中有無數個剎土，如《華嚴經》中云：「一塵中有塵數剎。」此亦說明世尊不承認微塵實有，如果微塵實有，佛則不會說微塵多。因為說微塵多是從世俗而言，在勝義中以理觀察時，或觀待聖者的根本慧定前，所謂的微塵非微塵，微塵眾多只是名言中的一種假象而已。在勝義中微塵尚不成立何況其形狀多少呢？《大幻化網》中引用顯宗的經典作教證云：「一根髮尖端，不可思議剎，各形皆不一，彼相無混雜。」一毛髮尖端有無數的剎土，每個剎土形狀功德都不同，恒河沙數無量世界相互無有混淆。對此凡夫人難以接受解釋，以佛教觀點推理，諸法皆是空性，空性中不滅緣起，以法性不可思議之緣起力，可以有繽紛多彩的各種的顯現。佛教中稱作微塵，而自然科學家們將其稱作原子、中子、質子等，名稱各異，但不論何種名詞都不能改變微塵與世界非常有的本性。

「世尊！如來所說三千大千世界，則非世界，是名

《金剛般若波羅蜜經》釋

世界。何以故？若世界實有者，則是一合相。如來說一合相，則非一合相，是名一合相。」

「世尊，如來所說的三千大千世界實際非世界，只是假名。如果世界是實有則是一合相，如來所說的一合相，並非實有，只是為其安立名稱，假名為一合相。」

真正在勝義中觀察，從微塵到三千大千世界之間，諸法沒有任何實有自性，無論勝義諦還是世俗諦中都不存在一法有自性，它們既不是斷滅也不是常有。倘若執取世間實有，則成為對事物總相的一種執著。一合相即是一種總相，世界本為眾多不同因緣組合，而彼等各有別相，無有共同的相—— 總相存在。如瓶子本來由許多微塵組成，但人們對瓶子有著一體聚合的概念；人也是如此，由頭、手、足等各支組成，本來無有所謂的身體，但人們認為有一實有我存在。同樣器世界本來不存在，凡夫眾生迷亂分別感覺上實有諸法聚合為一體，人們以業感對其形成一種總相的虛妄執著，這叫一合相，並非實相中真正存在。蘊的聚合、世間的相續等都是假法，如來在佛經中常說一合相都不存在，聚合而成的總體假法中，人們產生一種邪執認為諸法實有，這是邪執實有而不是真正實有。《中觀四百論》中云：「集聚假法中，邪執言實有。」所有因緣聚合之法全部是假立不實的，諸法虛偽得像影像一樣，哪裡會有真實的存在呢？一合相並不是真正的一合相，《入菩薩行》中云：

「虛偽如影像，彼中豈有真？」《圓覺經》中云：「眾生國土，同一法性，地獄天宮，皆為淨土。」眾生國土，皆為同一法性，即不實有；所以地獄、天宮皆是淨土。如果淨土真正實有，則眾生國土不會同一法性，地獄天宮不會都變成淨土。所以如來說名言中的一合相，在實相中並非一合相，只是假名。

「須菩提！一合相者，則是不可說，但凡夫之人貪著其事。」

「須菩提，一合相，在實相中是不可說，但在名言中凡夫人貪執而安立。」

對器世界有情世界的總合相狀執著，皆稱為一合相，究竟實相中無一法可立，因此一合相實際不可言說。以瓶子、柱子為例，不僅大乘中觀論典，即使小乘中也認為瓶子、柱子只是一個總相，《俱舍論》中以理抉擇後確認瓶子是世俗諦，是一種假象，因此一合相的本性不成立為實有，只是世俗顯法的一種假象。世間愚迷顛倒凡夫不了知此理，經常以妄想貪執其為實有，更不能如實了達此離一切戲論的諸法實相，因此佛在經典中常說：若佛不出世為眾生開示甚深甘露法要，恐怕彼等於此法義不能解了。但凡夫人的智慧非常淺薄，深深地執著五欲，聽到空性法門也不能真實理解，因此不應於非法器面前宣說般若法要。《妙法蓮華經》中云：「凡夫淺識，深著五欲，聞不能解，亦勿為說。」凡夫

人智慧根基有限，又有種種迷亂業障遮蔽，根本無法見到真實法相，如有眼翳者耽執空中毛髮一樣，以此長久漂泊於輪迴之中。佛成道時說：「深寂離戲光明無為法，吾得猶如甘露之妙法，縱為誰說亦不能了知，故當無言安住於林間。」世尊成道時已證悟如甘露般的妙法，為什麼四十九日不欲對世人宣說？因為世人妄執深重，不會真正通達佛的甚深法要，不能放棄一合相的妄執，所以世尊不願為之演說，而寧可至寂靜林中獨自安住。

　　「須菩提！若人言：佛說我見、人見、眾生見、壽者見。須菩提！於意云何？是人解我所說義不？」

　　「不也。世尊！是人不解如來所說義。何以故？世尊說我見、人見、眾生見、壽者見，即非我見、人見、眾生見、壽者見，是名我見、人見、眾生見、壽者見。」

　　如果有人說佛說過我見、人見、眾生見、壽者見，此人並未通達如來的密意。為什麼呢？因為佛陀所說我見、人見、眾生見、壽者見，它們並不實存，只是在名言中安立為我見、人見、眾生見、壽者見。

　　佛在經中所述我見、人見、眾生見、壽者見，並不是一種究竟了義之說，也不是真正承認實相中有四相。任何大乘修行人不能承認勝義實有，如果予以肯定承認，也將成為此人修道中的一種障礙。世尊提出此問實

屬必要，因為佛為調化根基不同的眾生而宣說八萬四千法門，對有些鈍根樂小法著相驕慢者，宣說有我的法門，如小乘的《阿含經》、《毗奈耶經》中承認萬法為有，另外佛本生公案中常常涉及「我的眷屬中，舍利子、目犍連等像銀瓶一樣」，又說「在因地我曾經變成某某國王，做過什麼事」，有時又說「我今天頭痛，是因為我以前當漁夫兒子時看……而笑」，這些都是佛陀親口所說，難怪末世淺學者會認為所謂的我實有存在，合乎法理，而不去廣泛聞思以實踐通達世尊的究竟密意。為使人們擺脫這種惡見的束縛，世尊特發此問以引出究竟了義實相，須菩提通過世尊善言誘導，已經悟入佛之密意，因而答：執四見實有的人未理解世尊的意趣。三轉法輪的了義經典《如來藏經》中亦云：「一切眾生，雖在諸趣煩惱身中，有如來藏常無染污，德相備足如我無異。」，世尊第三轉法輪中宣說了常有的概念，但這是從光明顯現分而言，並非表明諸法實有存在，而是強調顯空無二的如來藏光明顯現，也是最了義的空性。

此處六祖如是抉擇：我見就是如來藏本性實有，人見是諸法本性常有，眾生見是眾生的煩惱本來清淨存在，壽者見是眾生在實相上不生不滅。六祖的解釋言詞不多，所抉擇的方法不同別家，但意義通徹，經文幽玄，與原文很接近。勝義實相中以理觀察時，四相可以

《金剛般若波羅蜜經》釋

包括在無我空性之中，因佛陀最究竟的甚深法要，可以歸納包括在無我空性中。空無我之理是諸佛所達到的真正境界，它能摧毀一切世間邊執邪見，是趣入涅槃的唯一法門。

月稱論師在《入中論》中云：「如佛雖離薩迦見，亦嘗說我及我所，如是諸法無自性，不了義經亦說有。」佛陀雖然已沒有薩迦耶見，但在顯現上經常說有我及我所；同理，諸法本來無有任何自性，但在不了義經中針對相應眾生的根基，佛也常說自性是存在的、我是存在的。有些經中說有我見等，這是不了義的，只不過是在以名言量為主進行抉擇時，這樣宣說而已，並非究竟實相本義。因此我見、人見、眾生見、壽者見是名言中的一種假象，是妄想分別心的所緣，凡夫眾生心識所了知的實相亦非實相，只是名言中稱為實相。勝義法界本性超離言思分別之境，唯是聖者智慧的所緣。

「須菩提！發阿耨多羅三藐三菩提心者，於一切法，應如是知如是見，如是信解，不生法相。須菩提！所言法相者，如來說即非法相，是名法相。」

「須菩提，發無上圓滿正等覺菩提心的菩薩，對一切法應以般若空慧攝持，如實了知，如是信解，不生任何法相。所謂的法相，就實相勝義而言亦非法相，只是假名而已。」

本經的教言主要為破相執，整部經前面破一切邊執

邪見，此處破一切法相不存在，所以禪宗大德常稱此經為「破相論」。對於已經發無上菩薩心入了法門的人，應心入於法，與法相應。自己應當真正生起一些證相覺受，依《金剛經》而對於諸法實相生起感悟，否則雖然有聽聞讀誦的功德，但在煩惱現前時，會毫無辦法。倘若在精進聞思修行，相續中對諸法無生的本性生起證悟，則《般若經》中所述最甚深不可思議境界已然出現。

初學者首先通過依止具德上師，如理聽聞明了經義，斷除增損疑惑，反覆思維至基本能照見諸法本性為思所生慧，然後通過反覆修持，才能獲得不退轉的定解和境界。如此通過聞思修三方面修持，對無生法相了了分明，顯而無自性的般若空慧必然會顯現出來。

古代慈明禪師有一個弟子，每天念誦一百遍《金剛經》。一日禪師問弟子：「《金剛經》講的是什麼意義？」「弟子只是在字句上讀，並不知道經的意義。」禪師說：「每天可以不念太多，只是念時需要用心觀想。」後來弟子每天只念一遍，一天念到「應如是知，如是見，如是信解」時頓時開悟。所以修任何法都應先如實了知，中間如實信解，最後如實在自相續中生起不退轉的定解。《羅睺羅讚頌》云：不可言說智慧到彼岸，不生不滅虛空之本性，各別自證智慧之行境，頂禮三世如來之佛母。若勤修持，最後自己一定能到達這種

《金剛般若波羅蜜經》釋

不生不滅的不可思議的境界。

世俗凡夫所說的相，在勝義中並非法相，只是在名言中的假名。《大乘義章》中云：「諸法體狀，謂之為相。」《六祖壇經》中亦云：無相為體。《華嚴經》中云有六種相，《解深密經》中講三種相，《大智度論》中也談到三種相，本經則說四種相。不論相有多少，一切相在勝義中即是虛妄假立。久尼夏智在講義中強調最後一定要遠離一切相狀，這是證悟無我最殊勝的方便道，若未離一切相，人無我法無我不可能證悟。外境的相執如果沒有斷盡，執著未除，不能真正證悟空性，《釋量論》中亦云：「如不斷此境，不能斷彼執。」世間任何相都不是真實，必須予以遮破，破斥一切相才能現前自然本智。

「須菩提！若有人以滿無量阿僧祇世界七寶，持用布施。若有善男子，善女人，發菩提心者，持於此經，乃至四句偈等，受持、讀誦，為人演說，其福勝彼。」

須菩提，如果有人用遍滿無數世界七寶作布施，功德不可思議，無法衡量；如果有善男善女發了殊勝的菩提心，念誦受持此經，甚至僅僅經中四句偈，為人演說，所得福德遠遠勝過前者布施的功德。（在念誦本經前，首先應念三遍或一遍皈依，最好是三遍，然後念四無量心。念完全部經文最後迴向，藏傳佛教儀軌中都有皈依發心迴向。這樣具足了三殊勝，功德很大。）

念誦、受持為人演說經中四句偈，如「一切有為法，如夢幻泡影，如露亦如電，應作如是觀」，其功德已勝過廣大財布施的功德，何況全經如此行持呢？極力修學此經者，若如理受持、通達此經，機緣具足時應常為他人演說。現在自身具有本經的傳承，又有所化的眾生，應至力廣弘此經，否則浪費光陰，錯過機緣只有扼腕大嘆。若確實不具備地點時間等因緣傳講全經，可以僅為別人演說四句偈義。一般人沒有足夠的時間財力等福報作廣大的財布施，但演說一偈既不需很長時間，文字又通俗易懂便於接受，只需發一個清淨心即可同時成辦自他二利，這無疑是最好的積累資糧的方式。

大乘經論的讀誦和演說功德不可思議，讀誦、演說都屬於十大法行，《現觀莊嚴論》中云：「開闡正法教，諦語為第十，彼性不可得，當知名修治。」及「多聞無厭足，無染行法施，嚴淨成佛剎，不厭倦眷屬。」一方面，繕寫讀誦等屬十大法行，另一方面，此經主要宣說般若空性的甚深意義，受持此經與修持空性功德等無差別。全知麥彭仁波切在《智者入門》中云：「世間最大的三種功德是發菩提心、宣說大乘佛法、觀想空性。」因此具善緣者應常觀想，聞思此經，至少應每日讀一遍，若時間有限誦一偈亦可。全知麥彭仁波切云：「若無有聞思修的能力，得到人身還是應當每天持誦一個具有傳承上師加持的金剛語，這樣可得到殊勝功

《金剛般若波羅蜜經》釋

德。」世人認為供養上師一條哈達或一百元錢功德很大，而沾沾自喜。從一方面看，這樣供養確實有功德，但另一方面， 真正發菩提心觀修空性，為他人傳法解經，功德更大。有志者應勇於荷擔如來家業，在漢地廣弘般若空性法門，使不信佛教道理者皈依佛門，懂一偈為人講說都會成就自他利益，否則通曉佛法的人不弘揚佛法，而像阿羅漢一樣入滅定，這並不合理。遍智無垢光尊者在《上師心滴》中云：「有些人安住在滅定中，實際是小乘行者，為了自己成就而捨棄利他的事業，並不符合大乘教法。」

「云何為人演說？不取於相，如如不動。」

「如何為人宣說呢？應安住於實相中，不取任何相，如如不動。」

世尊為度化各種根基不同的眾生而講的八萬四千法門，全部意義都是引導有情趣入般若空慧之道。一切法的實相是菩薩根本慧定的所境，在入定時無有任何相可緣，如如不動，遠離一切戲論。《般若經》云：「若人見此法無滅無滅，猶如虛空也。」任何相在入定智慧前都為顛倒錯謬，因此不執取任何相，才能與三世諸佛的無為智慧境界無二無別。這種境界無有所破所立，真實義中自然安住，能現前真實的本性。《寶性論》等論典中云：「此中無所遮，亦無少所立，寂滅中安住，正見即真相。」真正能現前這種境界，已超勝發菩提心等任

何善法的功德。《不可思議經》中云：發菩提心不及觀空性持正法功德的十六分之一。《宗鏡錄》：如有頌言「若人持正法，及發菩提心，不如解於空，十六分之一。」因此觀修般若波羅蜜多空性智慧的功德非常殊勝，具有福德智慧清淨戒律的持藏者，應當廣宣流布，稍稍安住此經的境界，其功德無量無邊不可思議。

「何以故？一切有為法，如夢幻泡影，如露亦如電，應作如是觀。」

「為什麼呢？一切有為之法，皆如夢、幻、泡、影、露水、閃電，應當如此觀待一切法。」

漢傳佛教的高僧大德們經常喜歡引用此偈，藏傳佛教中在長淨期間也常於午飯前，供食子或給邪魔外道的眾生作布施時念誦此偈，此偈概括了這部經的全部內涵，若無時間修持此經、念誦全經，可僅念誦此偈。

菩薩在出定時應觀一切法如夢如幻，凡是因緣所攝生滅法，皆是有為法，而有為法全部是迷亂意識安立的，雖有能取所取之法，其本性絲毫不能成立。就像夢境與幻化師幻變出來的幻象；又如同鏡子裡種種影像，因緣積聚而顯現，因緣毀滅時又消失；無常似水面的水泡，又猶如早晨的露水，雖然放射璀璨的光芒，但頃刻後馬上消失；諸顯現好像閃電一樣，瞬息剎那生滅。此處從諸法無自性與無常兩方面作比喻，藏文中此處還有「如流星、如眼翳、如燈、如雲」四喻，共九喻。玄奘

《金剛般若波羅蜜經》釋

法師譯本與藏文本同，而此譯本差異可能是由於梵文原本不同或流通中疏漏。其他佛經和《幻化網》中多運用幻化八喻，《聞解脫經》中有十二種比喻宣說一切有為法無有自性，《妙臂請問經》中云：「三世一切如虛幻。」《佛說水沫所漂經》中有比喻：「色如彼聚沫，痛如彼水泡，想如夏野馬，行如芭蕉樹，識如彼幻術。」《中論》中云：「色聲香味觸，及法體六種，皆空如焰夢，如乾達婆城。猶如幻化人，亦如鏡中像。如是六種中，何有淨不淨？」諸如此類如幻如夢的比喻非常多。

　　佛說是經已，長老須菩提及諸比丘、比丘尼，優婆塞、優婆夷，一切世間天、人、阿修羅，聞佛所說，皆大歡喜，信受奉行。

　　世尊圓滿講說此經後，須菩提及所有的比丘、比丘尼、優婆塞、優婆夷，一切世間天人、人、阿修羅聽後都生起大歡喜心，信受並依教奉行。

　　　　如是甚深般若經，僅聞亦斷輪迴根，
　　　　讀誦受持何堪言，故恆實修極重要。
　　　　以此善根皎月光，遣除愚眾癡意暗，
　　　　趨入光明解脫道，速得如海身智德。

此《金剛經釋》是法王晉美彭措足下愚徒索郎達吉在喇榮傳講此經之同時撰著圓滿，增吉祥，2000 年 8 月 15 日。

重校於二〇〇 五年十一月十七日

《金剛般若波羅蜜經》釋

金剛功德經

堪布索達吉　口譯

梵語：阿雅班扎次德站佳巴

門達格那巴多思扎藏語：帕巴西饒吉帕入德學巴多吉覺比噴擁學比多

漢語：聖者智慧般若波羅蜜多金剛功德經

頂禮一切諸佛菩薩！

如是我聞。一時，在雅瓦地方一寺廟內有位僧人對佛法非常精通。他受沙彌戒後與朋友們結伴去一精通相術之相士前卜問吉凶。相士為他們看相後，一一告之結果，特別對精通佛法的沙彌說：「雖然你非常聰明，但你的壽命卻很短暫，只能活到18歲。」

過了兩三年，相士之預言在沙彌的朋友身上一一應驗了，他也不禁憶起相士對己之預言。於是非常害怕，就對上師說：「聽說寂靜處有許多佛經，請師允許我去彼處。」經師開許，到寂靜處後，他從諸多佛經中取出一本經書拿在手中，翻開一看是《金剛經》，他便發願：「願我以念誦此經的功德，能聞到壽命增長之聲。」他依照自己的誓言晝夜精進念誦。一天下午，他念誦的地方充滿光芒，這時有兩位羅漢比丘手持經函來

183

到他的面前說：「這就是你所念誦的《金剛經》，你的壽命、福德和誦經之功德，除佛以外他人無法衡量，願你斷除三惡道之門，具足獲得悉地之緣分。」二聖者說畢頂禮沙彌後，忽然不見了。

二十年過後，沙彌離開寂靜處，來到以前的相士面前。相士見到他大吃一驚，以為自己相術不準，萬分恐懼地問：「你究竟造什麼善業令壽命增長的？」沙彌回答：「我唯有念誦《金剛經》，除此以外什麼也未做。」於是眾人對《金剛經》的功德生起很大的信心，並廣作宣揚，眾多人都發願念誦《金剛經》。沙彌活到95歲，死後轉生兜率天。

　　　　金剛功德經依止靜處、增長壽命之第一品終。

金剛功德經

某一地方有座經堂。這裡有個凶殘恐怖的非人，常給人們帶來狂風、暴雨、乾旱、冰雹等災難，又時常派陰卓鬼（一種障礙善行使人遭遇不幸的魔鬼）損害他人，令其無法得到悉地。他所居住的區域無人敢去；他附近的樹木、花、草、水果無人敢碰觸；乃至飛禽飛入他的領域內，也會立即墜地而亡。這是一個具有能力的非人。

當時，印度有一具極大威力的密咒師，僅憑念誦咒語就能降雨，並能束縛龍王，支配魔眾就如同國王使喚奴僕般隨意。此密咒師想調伏那個非人，他來到經堂念誦咒語。午夜時分，非人將密咒師的頭碎成幾半。密咒

師死後，他的一位具有很大能力的上師得知此事後，到此處把弟子的全部資具拿出來，又在自己的身上熏香塗藥後才進入經堂，以極其忿怒的形象念誦密咒。正在念誦的過程中，非人入其心，這位密咒師也吐血身亡。

有一位經常持誦《金剛經》的小僧人，目睹了兩位密咒師的不幸遭遇後，從自己家中取出香爐準備前往經堂。友人勸他：「你最好不要去，否則會有生命危險。」小僧人未聽勸告而毅然獨去。到了經堂，他就專心致志地念誦《金剛經》。下午，天空中烏雲密布、電閃雷鳴、狂風暴雨、大地震動、許多樹木被風連根拔起。在波浪洶湧的海濤之上，那位非人口中燃火，鼻孔冒煙，叫出刺耳的怪音，被眾多執持不同兵器的眷屬圍繞著，他的身體像大山般高大，面目猙獰、氣勢洶洶地衝入經堂，欲殺害小僧人。小僧人不失正念，一直專心念誦《金剛經》。非人聽到小僧人念誦《金剛經》的聲音，內心便寂靜下來，嗔心也消失了。不久，風停雨止、天空轉晴，非人的眷屬全部畏懼而逃，僅留下非人獨自恭敬合掌，右膝著地，對小僧人說：「我本來是要取走你的性命，但剛聽到誦讀《金剛經》的聲音，我的威力即失，嗔心息滅，野蠻之心也沒有了，今在上師（小僧人）前發露懺悔，以祈請我的罪業得以清淨。」如是請求後，小僧人問：「你為何殺害兩位密咒師？」非人回答：「因我的內心不調柔，性格殘暴，故二人不

能抵擋我的威力，而被我誅殺。不應時的密咒絕大多數只是造惡業而已，幾乎無不成損害眾生之因。」

由此可知，如果對《金剛經》的功德生起信心，若有人抄寫、聽受、讀誦、為人宣講、或作種種供養，則其福德、壽命、地位等方面的功德不可思議。

金剛功德經小僧人調伏世間非人之第二品終。

一寺院內有位比丘名達瑪嘎巴。他修建了一座殿堂，並特意設置了客廳、關房、佛堂、倉庫等，在殿堂的旁邊又修建了一座供養殿。他又發清淨的心，把世間上所有的經、論全部抄寫一遍後，準備陳放供養殿中。

到春季時，比丘患了重病。正在痛苦難耐之際，他的境界中出現一座金銀製成的經堂，有許多以各種珠寶嚴飾的天人，其中一僧人形貌莊嚴、具足威儀、手持經函來到他面前說：「你一生中雖然造了許多善業，但因享用三寶財物，善惡混雜，現將馬上墮入無間地獄。若欲清淨諸罪業，應以抄寫《金剛經》作懺悔，這樣你的全部罪障很快會得以清淨的。」比丘聽後，忍痛起床，回憶僧人之忠言勸告，恢復了正知正念。用自己的財產作為抄經的費用，抄寫了一百遍《金剛經》。這以後的很多年中，他的財富圓滿，而且壽命也延長了。壽終後轉生於彌勒剎土。

金剛功德經比丘達瑪嘎巴從病中獲得解脫、恢復正

金剛功德經

念之第三品終。

一施主病死後來到閻羅世界，看見眾人中有一比丘。這時閻羅法王問比丘：「你入佛門後造過什麼善業？」比丘回答說：「我讀誦過《金剛經》。」閻羅法王聽後立即從法座下來，向比丘合掌頂禮，並說：「您是真正的具德天子，來此辛苦您了。」此時，空中出現五顏六色的彩雲，雲中顯出一個有許多珍寶所嚴飾的寶座。比丘坐上寶座，徐徐升入空中。

施主又看到諸閻羅卒各各執持銳利的兵器。這時有人喊他的名字問道：「你在人間做過什麼善業？」施主答言：「我學了很多文學、曆算等世間法，為人取惡名，靠經商牟取利潤，但也念誦《金剛經》。」這人又說：「你學了世間法的文字，給人取惡名，以經商牟利，因你所造惡業過於嚴重，善惡互抵，故你所做之善根全無。」閻羅法王也告訴施主：「此處與其他的地獄不同，這裡有極大苦受，看看你背後的那個眾生吧。」施主轉身看到，在沸騰的鐵水池內，有一眾生，身長五百由旬，其有約百千個野獸、飛禽等各種各樣的頭。在人頭說話時，其餘的頭就譏笑它，它的眼珠也落入盛燃的鐵水中，口中發出淒慘的哀嚎聲。閻羅法王繼續說：「此有情以前轉生為人時，精通世間法，依靠秤斗短斤少兩騙人錢財，常對他人作譏諷、毀謗、取惡名，

故感受此果報。本來你所造之罪業與此人相同，但因你寫《金剛經》之福德，故不需受此果報。現派你到人間，勸人行善斷惡，令他人捨棄譏諷、取惡名等不善業，不依世間的邪慧而造惡業。」

施主回到南贍部洲後，勸人遠離取惡名等不善業。他一心一意念誦《金剛經》，死後轉生三十三天。

金剛功德經從銅水池中獲得解脫之第四品終。

金剛功德經

一座佛堂內有位老比丘，他從10歲至100歲間不中斷誦讀《妙法蓮華經》，但他的疑惑心極為嚴重，以致其他比丘也常起疑心。某日下午，有個人進入他的房間內，對他說：「閻羅王派我召你前去。」說畢，老比丘立刻死去。他的心間有股溫熱，七日未失，故未動屍體。老比丘在中陰的境界中，見到有位比丘為斷疑惑，在拜見另外一位比丘的路途中，被一群獠牙畢露、張牙舞爪的猛獸撕扯吞食。諸如此類的恐怖景象令老比丘心生畏懼，來到閻羅王面前。閻羅王向他頂禮後祈求道：「我因造惡業而感召此閻羅王之身，懇請您為我念誦七遍《金剛經》。」於是，老比丘於七日內為閻羅王念頌並講授《金剛經》。到第七天，閻羅王供養他百匹綢緞。老比丘攜帶綢緞返回人間，恢復了知覺。他精進修持禪定，又活了95歲，之後在夏季末月某日，老比丘金剛跏趺坐，示現涅槃。於七日中，肉色未變，骨節也未

脫散。

金剛功德經比丘以疑惑墮地獄而得解脫之第五品終。

某國王制裁一大臣，有兩千多人也受到懲罰。大臣的頸、手、足均被繩索牢牢地捆綁著。大臣對《金剛經》的功德起信而發願：「若能脫離此苦，我將念誦一千遍《金剛經》。」念頭剛至此，繩索自斷落地。看守人將此事詳細稟告國王。國王甚覺希有，於是下令釋放所有的犯人，大臣脫離怖畏。從此世間眾人對《金剛經》的功德生起信心，恆時書寫、講說，遣除了今生、來世所有不吉祥之事。

金剛功德經大臣由王法制裁中獲得解脫之第六品終。

某地有位老婦人，她經常飲酒、吃肉、食用蔥蒜等物，不能守持清淨的戒律，但她每次誦讀《金剛經》之前，必先漱口，以妙香塗身後才開始念誦。以此福德，老婦人死後，她屍體所在的周圍出現天人的種種芬芳香氣，並往生西方極樂世界，於蓮花中化生，面見阿彌陀佛。

金剛功德經老婦人身塗妙香而獲解脫之第七品終。

某地有一喜好殺生之人，聽說讀、寫《金剛經》可清淨一切罪障。他為淨除罪業，而抄寫了《金剛經》。

他死後前去見閻羅法王時，閻羅法王喝問：「你在

人間造過什麼善業？」他因畏懼而不敢說話。頃刻間，地獄中所有的山崖、樹木等，全部變成非常鋒利可怕的寶劍、木劍、水劍等武器。閻羅法王令諸多獄卒將此人帶入有六重鐵門的鐵室中。第一層門內漆黑無光。入第二道門後，鐵門立即關閉。過第三道門，在黑暗中被熾熱的火焰灼燒其身。他恐懼萬分，在地上翻滾著，發出悲慘的呼喊聲：「救救我吧！」獄卒呵斥道：「你在人間時，造了極大的惡業，現在哭有什麼用。」

這時，他面前的虛空中出現一位以種種寶飾嚴身的大菩薩，悲音入耳：「在此墮入十八大地獄的所有眾生中，若有在人間時曾誦讀、書寫《金剛經》的人，現在請出來。」說畢，他就從地獄的痛苦中獲得解脫。他走到菩薩前，右膝著地呈白：「我曾抄寫過《金剛經》。」獄卒聽後，稟告閻羅法王。閻羅法王打開金篋，看到裡面顯現此人的名字及其所書寫的《金剛經》，接著說：「你本有此善根，卻被我誤判入地獄，真是很抱歉。」之後將其釋放了。同時，有八萬眾生也從地獄的痛苦中得到解脫，往生西方極樂世界。

閻羅法王對他合掌而使其返回人間時，他以前所殺害的綿羊、山羊、豬、魚、鹿等許多眾生說：「這人不僅殺害了我們，又食用了我們的血肉，如若不償還這筆債，我們決不放走他。」閻羅法王說：「此人生前曾抄寫《金剛般若波羅蜜經》，其具有殊勝的福德因緣，你

們不能損害他，若損害，則你們都不能得到解脫。」諸有情對此生起懷疑之心。於是，閻羅法王在杠杆的一端掛《金剛經》，另一端懸掛諸有情，結果《金剛經》的重量遠遠超過諸有情。它們覺得很希有，對此深信不疑並放了他。

此人在返回人間的路途中，遇見一位脖子上繫著鐵鏈的人問他：「你認識我嗎？」此人驚異地說：「我認識你，你不是我們已故的國王嗎？為何來到此處？」國王回答說：「我因生前不信佛法，毀謗佛法，故感受此地獄的苦報。你若返回人間，請告訴我的太子，讓他為我念誦《金剛經》，這樣，我才可脫離此苦。」其返回人間，恢復知覺，將此事告訴太子。太子念誦了七遍《金剛經》，國王即從痛苦中得到解脫。

此人死後，往生西方極樂世界，於蓮花中化生後，親睹無量光佛之尊顏。

金剛功德經好殺生人從地獄中獲得解脫之第八品終。

某地有一施主，患了疾病，以種種方法治療，卻不見效果。他的妻子清掃地面，遍灑香水供養佛前，然後祈禱：「請十方一切諸佛，為我開示一個治療夫病的方法。」此時，空中傳出「若念誦《金剛經》，可治好他的病」的聲音。她聞聲四方尋找，但未得此經。回到家中，打掃衛生，灑香水，以寶傘、勝幢、天冠作裝

飾，用沉香熏屋，並發願：「願我恆時聽聞到《金剛經》。」這時，有位威儀如法的比丘，將手中所持的《金剛經》送與施主。施主恭敬頂禮比丘。其因念誦《金剛經》，疾病很快痊癒。

金剛功德經施主從疾病中獲解脫之第九品終。

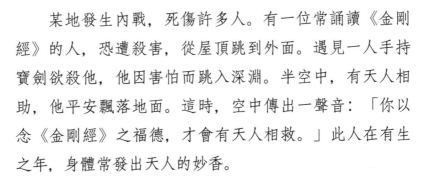

某地發生內戰，死傷許多人。有一位常誦讀《金剛經》的人，恐遭殺害，從屋頂跳到外面。遇見一人手持寶劍欲殺他，他因害怕而跳入深淵。半空中，有天人相助，他平安飄落地面。這時，空中傳出一聲音：「你以念《金剛經》之福德，才會有天人相救。」此人在有生之年，身體常發出天人的妙香。

金剛功德經誦經人從殺害中獲解脫之第十品終。

某施主有個孩子，頗通工巧。他殺害了極多鳥類、野獸等眾生，但也常誦讀《金剛經》。死後，七天內身體溫熱未失，停屍在家。

閻羅卒引其神識至閻羅法王面前，閻羅法王問他：「你在人間曾造何善業？」他回答：「我讀過《金剛經》。」閻羅法王告訴他：「喜好殺生之人當感受如此地獄之苦。」於是，他看到在一燒燃的鐵地上，身體大如山王的眾生，其身的每一肢分均被插入一百個鐵釘，四肢緊緊貼在鐵板上，它們的口中不斷地倒入滾燙的

金剛功德經

鐵水。閻羅法王接著說：「本來你當感受此地獄之痛苦，但因你曾念誦三世諸佛之母——《金剛般若波羅蜜經》，故不需感受此苦，可返人間。」這時，他以前所殺害的鳥類、野獸等眾生不放他走。閻羅法王告訴這些眾生：「莫害此人，放了他，因其曾誦讀金剛經，具有殊勝的緣分。」它們聽後生起信心，並作懺悔，放他返回人間了。

他回到人間，恢復知覺，對自己的親朋好友詳述了地獄之親身經歷，並說：「現在我對這個幻化的世間生起極大的厭離心。」本來他非常貧窮，便借他人的錢財抄寫了一百遍《金剛經》，分送給一百個人，要求他們好好受持、誦讀《金剛經》。因作了如此法布施，此人於多年中過著幸福、安寧的生活，死後轉生阿彌陀佛的剎土。

金剛功德經施主之子從地獄中獲得解脫之第十一品終。

某地一施主有個女兒，嫁人後不久就死去，她的神識來到父母身邊。父母在夢中見到女兒問：「你需要什麼？」女兒回答：「我一生中沒有造什麼惡業，但在辦婚事時宰殺了很多山羊、綿羊，以此感召如今的大苦受。若人曾在人間念誦過《金剛經》，閻羅法王會將其置於由金銀珍寶所嚴飾的寶座上，並對他說『淨除諸罪

金剛經釋

惡，圓滿諸福德』之後，便可獲得善趣之安樂。父母若為女兒念誦《金剛經》，我定會脫離此苦。」於是父母為女兒誦讀了《金剛經》。七天後的夜晚，父母在睡夢中見到世尊，告訴他們：「因誦讀《金剛經》之福德，你們女兒已從閻羅界的痛苦中得到解脫，現已轉生為人。」

金剛功德經施主之女從閻羅世界的痛苦中獲得解脫之第十二品終。

某地施主有一子，聰明伶俐。施主送他去學習文字和曆算，並派一書童隨行。他學習文字時，書童亦學會了，於是老師得機會令書童去打漁。後來書童做錯事，需要賠償。因無錢，只好以身作抵押為人放牧，在房舍外寬闊的土地上當了二十年的牧僮。

他與許多牧民一同放牧時，想起以前在學習文字時所聽聞《金剛經》之功德，於是對《金剛經》生起信心併發心抄寫。他借了一本《金剛經》作為樣本，並用自己的工薪買了墨汁，可無錢買紙張。心想：若將此經書寫於地面上，則會有許多眾生因腳踩經文而於惡趣中長時間得不到解脫，我自己也以此惡業，生生世世中會轉生為惡劣種性，不能解脫，因此只好發清淨心觀想在四方供養《金剛經》。他自言自語道：「我本想發心抄寫《金剛經》，卻因貧窮，無錢買紙張，只能寫在虛空

金剛功德經

194

中。」他以大信心依照樣本，以筆墨抄寫《金剛經》於虛空中。寫完後牧僮以香水供養，並發願：「若經中所言真實不虛，則以此諦實力，願為我呈現瑞相；以諸佛菩薩所言誦讀繕寫《金剛經》的福德力，願我獲得大福德。」以此《金剛經》之加持，粗糙的地面變得平坦如掌，恆時盛開天人芬芳鮮花。此後，該地不論晝夜均未出現過冰雪、暴雨、乾旱等災害。

金剛功德經牧僮於虛空中抄寫金剛經之第十三品終。

某施主迎請一本手抄的《金剛經》以陳放家中供養。他的 7 歲幼女一直隨父身後返回家中時，父欲掃地，心想：若隨身攜帶此經至不潔淨之掃地處，來生我會轉成惡劣種性。於是把經典交付女兒，女兒手持《金剛經》僅走了七步，以此功德而其轉生三十三天，於蓮花中化生。這以後的七世中獲得圓滿人身，最後往生西方極樂世界，於蓮花中化生，證得菩薩之果位。

金剛功德經施主之女往生西方極樂世界之第十四品終。

有父子二比丘，不具淨戒，衣著破爛，常食人肉、魚肉等物，依種種邪命養活假合之肉身，但常讀誦《金剛經》。死後屍體所在的周圍出現天人的種種悅意芬芳

的香氣。於四年中，肉色未變，骨節也未脫散。該地方寺院的僧眾為其屍體塗香。他的不壞肉身，至今仍保存於印度。眾天人常對其肉身作供養，附近的人們也過著安寧的生活。

　　　　　　　　金剛功德經之第十五品終。

　　　　　　金剛功德經

　　　　　智慧般若波羅蜜多金剛功德經終。

《金剛經》感應錄選編

索達吉堪布　口述

翻開歷史，可以看到許多人修持《金剛經》獲得殊勝成就及不可思議加持的公案。

神奇的經卷

這是一則經卷救人的故事。

唐朝政和年間，有一位心地善良的石匠，人們都稱呼他孫翁，每天持誦《金剛經》。有一天，他和三十多位夥伴一起上山採石，一路上說說笑笑，很高興地來到山上，大家拿出工具叮叮噹噹鑿起石頭。突然，轟隆隆的一聲巨響，山崩裂了，石頭飛滾，石匠們就這樣葬身於亂石中。十二年後，孫翁的子孫們上山尋找殘骸，一塊一塊地搬開石頭，奇蹟出現了，石縫裡有一個人端坐著，仔細一看是孫翁，大家驚呆了，欣喜又疑惑地問：「十二年中，沒有任何東西吃，您、您怎麼還活著？！」他笑著說：「唉，飢餓時發現身邊有一張油餅，隨手拿起吃掉，直到現在不覺得餓。」忽然憶起平日念的《金剛經》，便問是否還存在，大家異口同聲地說：「在、在、還在。」他們高高興興返回家園。到了家中

取出經卷一看，驚訝不已，經卷上有一個如油餅般大的圓孔，大家明白了，孫翁在那場劫難中能倖存下來，是依靠不可思議功德的《金剛經》。祖孫們激動萬分，淚水溢流。此事一傳十，十傳百，知道此事的人們都生起了信心，稱讚本經神奇功德，很多人也開始念誦。

獵人免苦

自古以來人們以肉食為美味，於是千方捕捉、百計搜羅使飛禽走獸失魂落魄、屍身橫陳。蓮池大師云：「造此彌天惡業，結成萬世深仇。一旦無常，即墮地獄。鑊湯爐炭、劍樹刀山受罪畢時，仍做畜類。冤冤相報，命命填還，還畢為人，多病壽夭，或死蛇虎，或死刀兵，或死官刑，或死毒藥，皆殺生所感也。」殺生果報不可思議，使人膽戰心驚。怎樣才能清淨怨障呢？《金剛經》具有無量功德，不可思議的加持力。曾經殺過生的人，應從內心深處悔過並立誓念誦本經，現世即可消罪滅障，後世得生善趣。

宋朝有一名叫王將國的獵人，他的妻子純樸賢善、敬信三寶，從沒有間斷念誦《金剛經》，夫婦過著和睦富足的生活。

每次見王將國獵取很多動物高高興興地回到家，妻子總是愁眉不展，心中思忖：丈夫這樣殺生，以後的果

報很可怕。一天妻子勸告他另謀生計，不要再打獵了。王將國執意不聽，一定要去打獵。妻子繼續勸說：「這本經第十五分，主要講金剛經的功德，經文很短，念一遍也是很好的。」經過妻子以溫和善巧的語言再三勸告，只好陪同妻子念了一遍功德品。

事隔五年，王將國身患重病，昏迷不醒中青衣鬼把他提到冥府。淒涼驚恐中，閻羅王嚴聲厲色地說：「你生性凶暴，殘殺生靈，罪如山丘，判入號叫地獄中感受油鍋煎煮之苦。」此時鬼吏查了善惡薄說：「他生前曾與妻子念過《金剛經》的一分。」閻羅王稍解怒氣說：「以此功德，當受一分的地獄之苦。」便命鬼卒把王將國帶到油鍋前，將少少的鐵汁澆向他的後背。恐懼當中他驚醒了，感到背痛難忍，讓妻子過來看，他後背確實有一塊皮肉潰爛流膿，就像鐵水燙傷一樣。請了很多醫生都無辦法治療。晝夜悲慘地號叫，他知道此是地獄鐵汁澆淋所致，只有依靠佛法的威力才能脫離此苦。於是叫妻子沐浴、敬香，替他祈禱發願：「從此斷殺，慈悲眾生，書寫《金剛經》，終身持齋念誦。」妻子又將念《金剛經》的功德迴向王將國，祈求三寶加持他的病馬上好。晚上，王將國夢見一神僧手持寶瓶來到床前，將瓶中甘露水灑在背部說：「你的妻子為你念《金剛經》，現在你的病好了。」

199

三刀和尚

　　人生活在這個世間不僅有生老病死之苦，還受到諸如王法、邪魔、怨賊等危害，但念此威力無窮的般若經，可以滅罪積福，免受種種危害的侵擾，諸事吉祥。

　　唐朝孝子張伯英，乾元年在壽州當兵。他非常想念年邁的父親。由於他的父親在穎州居住，遂盜取官府的一匹馬急急馳去。在淮陽休息時，不幸被官兵查獲，壽州刺吏崔昭下令處死刑。在行刑時，劊子手舉刀用力砍下去，不但沒有傷害張伯英，刀反而斷成兩截，又換了一把刀，仍然無法傷害他，再換一把，如前一樣。劊子手拿著剩下的半截刀，呆呆地發愣。一會兒，驚叫著：「我用盡所有的力氣，每當刀刃快要砍到他時，刀突然斷折，手臂也無力了！」

　　崔昭聽到劊子手所說，深感驚異地問張伯英：「你曾經練過很高的武功？」伯英說：「我從沒有練過武功。但從15歲時，斷葷食素，持誦《金剛經》，至今已有十多年。昨天被捕，心想這次必死無疑，萬緣放下，專心致志念誦。行刑之前我只是持誦《金剛經》而已。」說完，亦感到莫名其妙。崔昭心中暗自思忖，世間真的有這樣奇異之事嗎？命人將他的念誦《金剛經》取來，打開經匣一看，驚訝萬分，《金剛經》上有三條清晰的刀痕。情不自禁地合掌讚歎：「我早就聽說此經

《金剛經》感應錄選編

有不可思議的功德，今天得以親眼目睹，真正是佛法無邊，果不虛傳。」生起極大的信心。張伯英從此出家，被人們稱為「三刀和尚」。

屠夫成就

佛經云：「殺業之上無餘罪，十不善中邪見重。」由此可知，世間最可憐的人就是屠夫，他們生性愚昧，不知善惡因果，每日所造的殺生罪業無法形容，若能讀誦此經也有解脫的機會。

宋朝時，湖州城南邊有一位姓陸的老翁，父母以殺生為業，他從小就喜歡殺生，長大後繼承父業做屠夫，每天所殺豬、雞、羊等等不可計數。

他23歲時，一位雲水僧來到他的門口說：「度化有緣人。」陸翁不解其意。雲水僧善意勸說：「世間有各種各樣的行業，何不改行斷除惡業？」陸翁不耐煩地回答說：「改變祖業是很困難的，以後再說吧。」僧人和顏悅色地勸言：「如果殺生，來世一定墮入旁生，感受割殺之苦，若能精進持誦《金剛經》，業障能得清淨。」聽到這一番話，陸翁心中半信半疑，但這時雲水僧就消失不見了。他如夢初醒，意識到殺生及用殺生掙來的錢過著奢侈的生活是一種惡業，從此立誓斷惡行善，皈依三寶。

後來，他請畫匠繪製一幅西方三聖像，早晚至誠禮拜佛像，每天在佛前精進讀誦《金剛經》懺悔惡業，並迴向所殺的眾生，希望牠們早生淨土。如此精進修持了五年，陸翁就能很熟悉地背誦《金剛經》。在81歲那年，通知親朋好友說：「11月9號那天，我要走了，希望你們都到我的家做客。」屆時親友聚集在陸家，陸翁一一告別，給他們留下一個偈子：「五十餘年離殺業，手拋刀秤暗修行，今朝得赴菩提路，水裏蓮花火裏生。」意思就是離開殺生業已有五十多年，手上也拋棄屠刀和秤暗中修行，像我這樣罪業非常重的人，今天也能前往菩提路，就像水中蓮花在火中盛開一樣，確實非常希有。大家都知道，水中蓮花不能在火裡生長，但甚為奇妙的是，緣起具足水裡蓮花，可以在火焰中盛開。說完端祥現示圓寂，凡所見聞者無不瞻仰稱歎。曾經殺過很多生命的人，希望從此公案獲得啟示。

舌如金剛石

密宗修行者以不共的信心，殊勝的方便即生獲得成就。其成就之相是什麼呢？《金剛薩埵意鏡續》中說：「乃至現出舍利亦為成就之相。」並且廣說舍利是成佛之相。顯宗也有即生成就之捷徑，只是沒有廣泛宣說。在了義經典中明確說出利根者不需經三大阿僧祇劫可以

成就，《楞嚴經》云：「不歷僧祇獲法身。」很多顯宗修行者臨終時的各種瑞相，證實了這一點。

明朝正德年間有位皮匠叫嚴江，平日喜歡持誦《金剛經》。中年時，常去寺廟擔柴做飯，更加精進修持《金剛經》，聲聲不絕地念阿彌陀佛聖號。到了六十多歲，忽然有一個月不吃飯，每天只喝一點水，沒有飢餓的感覺，身體亦無有痛苦。他向別人說：「現在我的身心沒有一點痛苦，非常快樂。」並清楚地講出圓寂的時間。圓寂那天，勸告別人此經不可思議功德，要經常念誦。之後沐浴更衣，金剛跏趺坐，安詳圓寂了。遺體進行荼毗時，出現了許多舍利子，舌頭猶如金剛石般燒不壞，成為堅固舍利，用手敲時發出鏘鏘的聲音。

獲得人身

《楗椎經》云：「為示講法時，擊鼓敲楗椎，聞聲獲解脫，何況去聽聞。」甚至旁生聽聞佛法亦獲得極大利益。如世親論師的弟子安慧，前世做鴿子時經常聽世親論師背誦《般若經》，死後獲得人身，轉生王族，依止世親論師終成為班智達。《極樂願文》中講：乃至旁生以上、人類以下，凡是聰明伶俐具有智慧者，都是因往昔聽聞過一句以上的佛法而得來。歷史上記載了極多旁生聽聞佛經、獲得人身的公案。

唐朝貞觀年，并州石壁寺有位明度法師，平日參禪，喜歡持誦《金剛經》。有一對鴿子生活在殿堂的梁柱上，還孵出兩隻小鴿子，法師常用剩飯餵養牠們，每天念《金剛經》發願祝禱：「以我誦經的功德力，希望小鴿子脫離痛苦的惡趣，獲得人身。」小鴿子逐漸長大。有一天，牠們學起飛時，一同掉在地上死了。明度十分感歎，一邊念《金剛經》為他們超度，一邊將屍體埋葬。十天後明度夢見兩個小孩對他說：「我們以宿世的罪業轉為鴿子時，每天聽師父誦《金剛經》，依此功德力，現在獲得人身，在南方距離此地十里某家投生，非常感謝。」做了這樣希有之夢。

十個月以後，明度按所說的地址尋找，果然在某家生了一對孿生兄弟，咕咕嚕嚕的哭聲就像鴿子在叫，他喊一聲：「鴿兒！」兩個嬰兒應聲回頭。一年以後，鴿子的習氣沒有了，開始學習人語。

降伏湖神

降伏是瑜伽士慈悲之心調化惡劣眾生的殊勝方便法。如今時代，有許多人誤解降伏法的含義，妄圖以嗔恨心誦持猛咒制伏邪魔，這種南轅北轍的修法顯然不合理，若深明教義，依法如理而行，生起慈悲心，至心念誦《金剛經》即可降伏一切鬼神。

在晉朝時，揚州江畔有一座亭湖神廟，傳說湖神瞋心很大，非常凶惡，若有眾生接近此地立即喪命，若是空中飛禽飛到此地上空便墜落於地，附近的眾生無不畏懼。當時有一位修持多年密咒的僧人，能降伏種種邪魔。他來到亭湖廟，擺設降伏用的法器食子，準備誦咒誅伏湖神，不料忽然暴死。他的上師得知弟子死亡的消息，非常憤怒，立即趕到亭湖廟作法，湖神的瞋心入於他的心間，使他的頭裂碎，腦漿四溢，也暴屍於此地。

與兩位密咒師同住一寺的小沙彌，平日專持《金剛經》。聽說師徒二人先後被湖神害死，便決定降伏此非人。師兄弟們都很擔心他會死於非命，勸阻再三，然而沙彌意願已定。他來到亭湖神廟開始誦經，不久見到一個身如山一樣的怪物，眼光如電、青面獠牙、猙獰恐怖，還不時現出種種神變，眾多蝦頭龜面的兵卒，手持利刃口出怪聲，張牙舞爪，聲勢浩蕩地來到小沙彌面前。但是小沙彌卻神色泰然，誦經的聲音越來越大，張牙舞爪的兵卒聽到後無不抱頭鼠竄。此時怪物變得乖乖的，右膝著地，雙手合掌恭恭敬敬聆聽法音。沙彌念完經，問道：「你是何怪物，長得如此凶相？」湖神回答說：「我是湖神，因前世業力而感召今生惡報。」沙彌疑惑地問：「為何兩位法師都被你殺害，而你在我面前卻如此恭敬呢？」湖神說：「想以瞋恨心降伏我，因而殺害他們。而您誦經威德力超勝我的魔威，所以恭敬

聽經，願懺悔惡業早日獲得人身。」說完向沙彌頂禮而去。

第二天清晨小沙彌就回到寺院。大家驚奇地問他是否降伏湖神，他將全部經過告訴他們，大家無不歡喜讚歎《金剛經》的威德力不可思議。此事傳遍了遠近，凡聽到的人都合掌讚歎生起信心，發心念誦的人越來越多。

往生淨土

本經是諸佛的心髓，三乘聖者的如意源泉。《般若攝頌》云：「誰求聲聞獨覺果，乃至法王如來果，皆依般若法忍得，離此恆時不可得。」不論修持哪一種法門皆應聞思般若教理，才能遣除相續中的惡見，樹立正見奠定堅固的基礎。上師法王如意寶說：「因為大般若空性的正見是大小乘顯蜜一切佛法的基礎......」由此可知依此經修持極為殊勝，尤為懺罪、往生之最勝法。

隋朝鄜州寶室寺比丘法藏，慈悲濟人，精進修持佛法。於隋開皇十三年，買賣衣缽、佛像等物掙了一筆錢，在洛交縣葦川城建造了一座寺院，有僧房二十餘間，青磚琉璃瓦修建的宏偉大雄寶殿，一丈六尺高的觀音像栩栩如生，倍及莊嚴，並且書寫了八百卷的佛經。

唐武德二年，他身患重病，昏迷了一個月，見一身穿紫色衣服的金剛神手持一卷經，對他說：「你一生中建造寺院的功德很大，但買賣衣缽等造下嚴重的罪業，由於善惡摻雜，死後將墮入惡趣。若能發願書寫我手上這部《金剛經》，罪業就能消滅，病也會痊癒。」於是法藏發願抄寫此經，因為病情嚴重，便交代弟子說：「將衣缽賣掉，書寫一百遍《金剛經》，施送一切僧俗讀誦。」說完去世了。來到冥府，閻羅法王在高高的寶座上面嚴肅地問道：「師父，你一生作過哪些功德？」法藏比丘坦然地說：「建造塔寺，書寫一百遍《金剛經》，送給一切僧俗讀誦。」閻羅法王合掌說：「法師所作功德很大。」便命鬼卒拿取功德簿親自查找，記錄的功德與法藏比丘所說一致。閻羅法王歡喜讚歎地說：「希望法師返陽後精進修持《金剛經》，並勸大眾讀誦。」法藏比丘復活之後，晝夜六時精進，廣泛弘揚此甚深經典，引導善男信女讀誦受持。

　　法藏比丘99歲那年正月十五日，邀請很多淨戒僧人書寫《妙法蓮華經》、《金剛經》。一生中所作的功德圓滿，離開人間之際身體端坐而作偈：「今年九十九，看看無所有，更莫問如何，憑空打筋斗。」此時空中彩虹縈繞，花雨紛紜，香氣彌漫，阿彌陀佛燦燃而現接引法藏比丘往生西方極樂世界。

肉身不壞

唐吳氏是清朝濟寧人，移居松江（上海）。常做非法行為，毀謗因果，性情又粗暴，不能容忍別人，是當地有名的惡霸。但是，後來他以往昔善業成熟，每天持誦《金剛經》獲得肉身不壞的果位。

他在43歲時，遇到具緣的師父度化皈依三寶，開始持長齋，每天在小樓裡精進念誦《金剛經》。從此變得賢善、溫和，他的變化感動許許多多人皈入佛門。這樣過了六年清淨修行的生活，有一天忽然他說：「我要離開人間，到極樂世界，按照佛經所言持《金剛經》有無量功德，願我的肉身不壞，保留三年以證明佛語真實無虛。」說完祥逝，當時光環圍繞、花雨紛紛、香氣彌漫。親朋依據遺囑將遺體放入龕中。三年後起龕，身體不但沒有腐壞，頭髮還長出了半寸，莊嚴如佛。人們從四面八方紛紛而來，禮拜供養這位肉身菩薩，提督梁公為之建庵供養，據說公武出世時還存在。（在九華山有一位生前喜持誦《金剛經》的老和尚，亦獲得不壞肉身。）

在上述的這些公案中，有些人往生極樂世界，有些人獲得肉身不壞。大家應生起信心，這是佛在經中所說，持經的功德無有任何懷疑。

《金剛經》感應錄選編

起死回生

本經十六分云：「當知是經義不可思議，果報亦不可思議。」通過受持讀誦此經，醫藥難以治療的病也可痊癒。

宋朝秀州華亭縣有一位名叫宋承信的人。紹興二年，患有嚴重的胃潰瘍，多年之中請名醫治療服藥，不見任何效果。有一天晚上，他夢見一位清淨莊嚴的和尚慈顏悅色地說：「我與你有宿世因緣，特來相告，因你往昔惡業，感召魂魄被捉拿到陰府嚴刑拷打，所以才患這種病，欲生不能，欲死不得。世間人染患種種惡疾絕症，經年累月枕臥病床，世上各種醫藥沒有辦法治癒。你如果能持誦諸佛之心髓《金剛經》或者勸他念誦，便會感動冥王放回你的魂魄，然後再請名醫治療即可痊癒。」

宋承信醒來之後，沐浴更衣在佛前敬香發願：「從現在起奉行十善，懺悔往昔所造的惡業。」日日精進不懈地持誦《金剛經》，病情日趨漸好。不久，他夢見金剛神賜一丸藥說。：「服下此藥，你的病就痊癒了。」他將藥服下。從夢中醒來，身體輕爽，胃也舒服無疼痛感覺。多年不治之症立見好轉，信心倍增。經過一段時間調養，身體恢復如初。他將這件事告訴鄰里，勸眾人讀《金剛經》。凡知道這件事的人，都合掌讚歎此經有

起死回生的功德。

口吐蚯蚓

《百業經》云：「縱經百千劫，所作業不亡，因緣
會遇時，果報還自受。」如今五濁興盛時代中，能了知
此道理的人極為罕見。人們經常在遭受各種挫折，病苦
等違緣後，才知道因果不虛之理，若能精進行持善法、
念誦本經懺悔一切罪業，痛苦也就會自然銷聲匿跡，永
不復現。

唐朝荊州會宗和尚於長慶初年，不幸中蠱（毒
蟲）， 骨瘦如柴、奄奄一息，醫生束手無策。會宗和尚
心中想： 這是我宿世罪業的果報。於是在佛前發願念誦
《金剛經》懺悔往昔的罪障。當他念滿五十遍的時候，
夢見有一人讓他張開嘴，從喉中抽出十多根頭髮，吐出
一隻比手臂還長的大蚯蚓，從此病痊癒了。

某些人生病百藥無效，我執又非常嚴重，邊起疑心
邊念經，沒有獲得微小之利，便懷疑佛經所說是否真
實。《俱舍論》中講惡業類別很多，有些惡業依因緣可
以轉變，也有惡業不能轉變。我們染上某些疾病是宿世
惡業現前，應當一心一意念誦《金剛經》就會痊癒，但
是某些疾病不一定立竿見影，亦不應對佛經產生任何懷
疑，所以具足信心非常重要。

《金剛經》感應錄選編

六祖惠能大師

惠能是唐朝嶺南部（廣東省）新州人，祖籍范陽。父親盧行瑫，曾為朝廷官吏，才華橫溢、清廉正直，母親李氏心地善良純潔賢淑，夫妻二人過著美好的生活。唐武德三年被貶到嶺南。一日夜晚母親夢庭前百花競放、白鶴雙飛、異香滿室，醒後便有身孕，於是清淨澡體，誠心齋戒。懷孕六年後，一個萬籟寂靜的夜晚，光揚頓門心法的偉人伴著毫光騰空、香氣芬馥、瑞相紛呈而誕生。

黎明時分（有說降生幾天），兩位奇異僧人米拜訪，說：「昨晚出生的這個孩子與佛法有深深的緣分，我們特來為他取名上惠下能。」父親很詫異地問：「二位師父從什麼地方來？為什麼給孩子取名惠能呢？」僧人微笑著說：「此名的意義深妙，惠持佛法施與眾生，能作佛陀廣大的事業。」說完告辭而去，消失在朝霞中。惠能大師出生後不食母乳，天人每日夜晚用清淳甘露餵養大師。

由往昔的悲願與宿緣不同，有些高僧大德在溫馨幸福中成長，有些高僧大德卻在苦難坎坷中長大。惠能3歲時父親因病早逝，遺下母子二人相依為命，賣柴維持生計，過著十分貧苦艱難的日子。

24 歲那年，有一日惠能擔柴送到顧客的店中準備

回去，看見一位客人在店內誦經，他合掌靜靜地聽著，不由生起信心，領會了經義，對心的本性有所了悟。待客人誦經完畢問：「請問您誦的是什麼經？」客人說：「《金剛經》。」他迫不及待地又問：「您從哪裡得到的？為何持誦此經？」客人笑著回答：「黃梅縣東禪寺的五祖弘忍大師，為眾弟子傳授《金剛經》。我是從那裡得來的，五祖常勸告僧俗只要精進持誦《金剛經》，便能夠見到自性，直下了悟成佛。」聽到五祖的宏名，惠能周身汗毛悉豎激動不已，心中暗自思忖：無論如何我一定要依止他老人家。宿世因緣成熟了，有一位客人非常讚賞他的向道之心，送給他十兩銀子，將慈母生活妥善安排好。惠能忍痛拜別了慈母，懷著強烈的信心和希望踏上通往黃梅東禪寺之路。經長途跋涉的艱苦，三十餘天後終於到了黃梅。

惠能來到五祖法座前頂禮，五祖冷淡地問：「你是從什麼地方來的？到我這裡想求得什麼？」大師答：「我從嶺南來，不希求其他，只求作佛。」五祖說：「嶺南人很野蠻，你這個獦獠，我沒有辦法調服，你又怎麼能作佛。」惠能言：「人雖有南北之分，佛性豈有南北之別？獦獠身與和尚身不相同，可是佛性有何差別？」五祖一聽知道他不是泛泛之徒，為防意外，故將明珠暗藏說：「你跟大眾一起去做事情吧。」「弟子自心常生智慧，念念不離自性，這就是福田，您讓我做什

《金剛經》感應錄選編

麼？」五祖命人將他帶到磨坊，做起似與所求不相干之事，劈柴舂米等。有一日，五祖來到惠能面前說：「我想你是禪門心法的根器，唯恐有惡人傷害你，所以不和你說話，你知道嗎？」惠能說：「弟子知曉師父心意，為不讓其他人知道，也不能到你那裡。」他日日辛苦勞作沒有一點疲厭之心，叫他劈柴就劈柴，叫他舂米就舂米，不折不扣作了八個多月的苦工。

五祖要選拔繼承人，傳授衣缽作為第六代祖師，一日告訴大眾各自作偈呈給他看。神秀大師為求印證，半夜時分，獨自手提燈籠，來到五祖禪房的南廊前，揮筆在牆壁上作偈：「身是菩提樹，心如明鏡台，時時勤拂拭，勿使惹塵埃。」五祖讓大眾讀誦此偈，依照此偈去修行，即可見到本性，此偈立時傳遍了東禪寺。惠能知到這個偈頌還沒有見到本性，一時耐不住，讓一小沙彌把他領到南廊偈前，對旁邊的人說：「我不識字，請你讀一遍。」江州官吏張日用便高聲讀誦，大師聽完後說：「我有一首偈頌請你幫我寫上去。」張日用譏諷道：「像你這樣的人還會作偈。」惠能嚴肅地說：「想學大乘無上法要，不能輕視初學者。往往低劣的人有最高的智慧，而那些高尚之人有時也會埋沒智慧，輕慢人是有無量無邊的罪業。」張日用不由暗自稱奇，非常恭敬地依大師所言而寫下偈頌：「菩提本無樹，明鏡亦非台，本來無一物，何處惹塵埃。」大眾對這首偈無不驚

訝，讚歎他不久會成為肉身菩薩。五祖得知此事後，唯恐他受害，用鞋底擦掉偈頌，故意宣稱此偈還沒有見性，大家信以為真便不以為然地散去。五祖決定傳法，獨自來到磨房，看到惠能腰上繫著一塊大石頭在舂米，心裡非常疼愛，高聲地說：「求道之人，為法而不顧惜身命就應該這樣。」接著又問：「米熟了嗎？」「早就熟了，只是還沒有篩選。」這時五祖用錫杖敲石碓三下，背手離去。老和尚這一番機鋒隱語，智慧敏銳的惠能立即明白其密意，在深夜三點鐘由後門進入五祖的禪房。五祖用袈裟圍遮好窗戶，開始為他傳授《金剛經》，講到「應無所住而生其心」時，他大徹大悟，稟告五祖：「我真沒有想到，自性本來是清淨，不生不滅，一切功德自然具足，也沒有改變和動搖，而從自性中能生出萬法。」五祖知道惠能已經證悟現見本性了說：「若不認識本心，學法是沒有益處。若能認識自心，見到自己心的本性是大丈夫、天人師、佛。」傳授以心印心的頓門教法後，將衣缽交付給他說：「你現在就是第六代祖師，要善自護念，廣度一切有情，弘揚頓教法門，使法脈相承不斷。」

六祖惠能大師經歷百難曲折之後，弘揚佛法。凡是大德的著作稱為論，由於人們非常崇拜敬重他，便將大師的著作稱經，即在漢地廣泛流傳的《六祖壇經》。

《金剛經》感應錄選編

任五娘

　　於因果懵懂無知、於戒律熟視無睹的人，虛度珍寶人身，最後遂陷地獄深淵感受無量痛苦。從迷癡愚鈍的眾生，依靠《金剛經》懺悔罪業獲得殊勝功德的公案中，我們確實會受益匪淺。

　　唐朝龍朔元年，湖北省雲南縣景福寺，有一比丘尼，俗名任五娘。未出家前性情暴戾，貪妙味美饍，經常殺害生命烹製各種各樣精美飲食。後來到寺廟出家，還是胡作非為，污染淨地。死後家人為她立了靈牌。

　　過了一個多月，夜晚靈牌裡傳出悲哀痛苦的呻吟，弟妹覺得奇怪，追問聲音是誰。靈牌裡傳發出顫抖的聲音：「我是五娘，生前在寺中不持淨戒，胡作非為。又喜喝酒食牛肉，烹製活魚，糟踏五穀，殺螃蟹做藥塗瘡，殘殺生靈無可計數，罪業深重。凡被我所殺害的眾生，都向冥王控訴，要我一一償報。現已墮入刀山、劍樹地獄，整個身體被刀錚錚穿透，肉被片片細割感受凌遲極刑，晝夜萬生萬死痛苦無量。現在我身上插有很多兵刃，痛徹骨髓。」說到這裡，痛苦地呻吟幾聲後繼續說：「我見到有些地獄眾生脫離地獄，轉生善趣。鬼吏說若有陽間人為我讀誦或者抄寫七遍《金剛經》亦可轉生善趣，我央求鬼吏放我回來看你們。請你們念在同胞手足的情緣，把我生前的衣服變賣供養淨土寺，懇求寶

獻法師為我抄寫七遍《金剛經》，親自替我在佛前懺悔殺生等種種重罪。」

家人聽到五娘的一番話亦是不寒而慄，汗毛豎立，立即依言而行。寶獻法師書寫一遍經文後，靈牌裡傳出五娘歡喜的聲音：「現在，我身上兵刃抽出一些了。」於是家人信心倍增。待法師圓滿書寫了七遍《金剛經》後靈牌裡又傳出五娘欣喜愉快的聲音：「藉以書寫七遍《金剛經》的功德，向我討債的生靈已經轉生善趣，我也從地獄中解脫獲得人天善道。」從此，靈牌裡再沒有任何聲音傳出。

不懂佛法的人認為，五娘在地獄受苦從靈牌裡怎麼會傳出她的聲音？《俱舍論》說地獄眾生非常痛苦，根本無言說的能力，這種情況不是與論典所說相違嗎？事實並非如此，很多地獄眾生一方面感受痛苦，一方面有機會與許多空行、瑜伽士進行交談，這是非常奇妙的緣起顯現。《中觀四百論》中有一比喻，在一間茅草房的屋簷上有一隻灰白色的鴿子，屋中放著一盆酸奶映有鴿子的足印。同理，眾生以自相之苦墮入地獄中，彼意識依靠所依處可與人間聯繫。其實若地獄眾生所受的苦是實有性，靈牌裡不會傳出五娘的聲音。

凡遇到佛教的一些公案與其他論典所說若有相違，應該思維甚深妙理——因緣聚合時任何法皆可以顯現，如是則能遣除這種疑惑。比如小小的電腦可以儲存世界

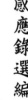

《金剛經》感應錄選編

上發生的各種事件、《大藏經》及其許多所未涉及的資料，內容淵源超出我們思維分別力。由此可知，佛教故事不是傳說，不是吹噓不存在的之事。或許有些故事中摻雜民間說法，但是甚深因果之理，唯有一切智智的佛陀能知。沒有智慧的人，見到這些故事會相信，稍有智慧的人必須以依三寶加持及緣起性空之理，才能徹底斷除疑惑。

免墮犬身

一位曾經對佛法持有偏見的人，因聽聞佛經四句偈而生起極大信心，超脫了惡趣之苦，後來一生中精進修《金剛經》獲得殊勝等持。

宋朝蘇州朱進士，平生學習儒家書籍，認為佛教中禮拜祈禱是一種精神寄託，愚昧的行為。有一天遊虎丘山偶然來到寺院，恰好佛印禪師給弟眾傳講《金剛經》，他在旁邊聽到「一切有為法，如夢幻泡影，如露亦如電，應作如是觀」四句偈，深深思維之後覺得其義極為深妙，心中歡喜，於是發願無論如何專心致志研究《金剛經》意旨。

有一日午睡，夢見差役押著五個人，跟在自己後面，大約走了兩里路，穿過一條大街，進入巷內，有一戶人家掛著青色布簾，他們走進廚房那裡有一桶湯，

五個人都爭搶著喝湯，朱進士也想喝，差役喝聲阻止說：「聽過佛法的人不能喝這桶湯！」因而驚覺甦醒。覺得此夢很奇怪，到外面散步不知不覺來到大街上，進入一條小巷，有一戶人家與夢中所見完全一致，更覺得驚奇，叩門走進去，問廚房裡發生什麼事情，主人說：「廚房裡有一隻狗剛剛生下六隻小狗，其中一隻死掉了。」朱進士聽後，驚怖流汗自言自語：「若非聽經的功德就已經墮入犬胎。」如果在夢中喝了湯汁，就會突然暴死，轉為惡趣，但是眾生的業力也是不可思議，他藉聽聞《金剛經》的四句偈功德，才免墮狗身。

89歲那年八月十五日，邀請所有朋友來他家做客，並一一告別，然後他登上花園樹枝作偈言：「八十九年朱公，兩手劈破虛空，腳踏浮雲粉碎，立化菩提樹東。」意即手托虛空，腳踏浮雲，住於無礙等持可前往東方剎土。說完躍身跳下，落地立刻虹化而去。

增世壽一倍

梁武帝時，鍾山開善寺的智藏和尚，聰穎過人，善於言詞，在寺中經常講經。有位相士對他說：「師父，雖然聰明蓋世，可惜壽命不長，只能活到30歲。」

年僅29歲的智藏和尚，不再講經，放下一切瑣事，竭誠禮佛懺悔，晝夜不斷持誦《金剛經》。到30歲時，

一日忽然從空中傳來聲音說：「本來你的壽命已盡，因般若威力，增世壽一倍。」之後，他去見相士。相士驚奇地說：「我看相是很準確，你做了什麼樣的陰德，改變天壽之相。」智藏和尚說出持誦《金剛經》的因緣，兩人同聲讚歎：「《金剛經》功德不可思議！」智藏和尚活到六十多歲才去世。

毀經而啞的勾龍義

毀謗佛經的人，現世果報亦不可思議，若從內心深處痛悔前愆，不僅後世免墮地獄之苦，今生亦能得到聖者須菩提的加持而獲得證相。

唐朝閬州郪縣有位名叫勾龍義的人，作勞工維持生活，為人粗魯不信仰佛教。長慶年間，有一日他的朋友生病，前往探望。看見書桌上放著一本《金剛經》，他皺了一下眉，拿起經書撕毀並隨手丟棄窗外。回到家中突然不能說話，焦急地向家人指著嘴巴。後來屢次請醫治療仍然無效，妻兒認為他是中邪氣，無可救藥，不再請醫生為他治療。勾龍義愚昧無知，不知此是因果報應，無有悔過之心。

五六年之後，偶然聽到鄰居念誦《金剛經》的聲音，恍然醒悟，驚惕自責：唉，從前我撕毀經卷，導致不能言語，假如現在懺悔，能不能再說話。此後，每

金剛經釋

當隔壁傳來誦經的聲音，勾龍義耳朵貼著牆合掌細細靜聽，默默地懺悔，祈禱佛菩薩加持，洗滌他的罪業。

過了一個多月，他偶爾走進寺廟，迎面見到一位慈祥莊嚴的和尚，心中非常歡喜，向和尚頂禮。老和尚問他有何事情？他指著嘴巴示意自己不能說話，只見和尚從袖中抽出一把刀，在其舌下一割，立刻能說話了，勾龍義摸摸嘴，沒有出血，也無疼痛，淚水奪眶而出，如搗蒜般磕頭致謝。和尚為念誦《金剛經》，聲音卻和鄰居誦經聲一樣。

不久，勾龍義又來該寺，拜訪這位慈祥的和尚，僧人都說沒有此人。他疑惑不信，來到羅漢殿，看見須菩提尊者塑像與那位和尚面貌相仿，這才知道那位和尚是須菩提尊者示現。於是延請畫匠在家中繪製一幅尊者聖像。至誠禮拜供養，親自書寫《金剛經》終身持誦。

魚求報應

漢人能在孩童時代信仰佛教是極為少數，藏人卻從小信佛。我很羨慕小時候學佛的人，長大以後對佛法有正知正見。比如父母是佛教徒，孩子長大也會信仰佛教。童真的心中有佛，有一個因果觀念，對他一生有很大利益，長大以後不論處於何種環境一般不會改變。在邪說惡行昌盛的年代，若有人念佛，即會被學校開除，

《金剛經》感應錄選編

有些老師毀謗佛法，經常殺生的現象比較多。也許我從小信仰佛教的原因，儘管身處惡劣環境中，我不聽他們的邪說，我的心裡有這樣一種概念，老師太愚笨，佛肯定是存在。孩童長大之後，思想比較頑固很難轉變，所以從小學佛很重要，因此我們編寫了兒童佛教課本。希望你們回漢地，在孩童界廣泛弘揚，培養他們，哪怕只能教化親友的一個小孩，使他們從小對佛法生起信心，長大之後，也許真的會成為高僧大德，這一方面大家一定要重視。

金剛經釋

宋朝李元宗，有一女兒12歲之前不信佛教。13歲時，有一日晚上睡夢中，有一位和尚告訴她：「你聰明善根深厚，但是你從未念過佛經，不久你會夭折。不論善男善女讀誦受持《金剛經》，功德不可思議，暫時獲得人天福報，究竟相續中生起般若的真理，擺脫輪迴的痛苦，趣入涅槃之道。你若念此經則可長壽。」醒來眨著眼睛回想夢中的教言，生起很大信心，從此每天獨自勤修《金剛經》。

時間如流水，她24歲時仍未出嫁，三次患了嚴重的病，昏迷中現前中陰境界，中陰法王讚歎她：「你在人間讀《金剛經》有無量功德，頭放般若光芒。可是你的父親一生中已殺了七千多條魚，壽命減少二紀，這些眾生向你父親討債，故而每做惡夢，鬼神在夢中顯現種種惡兆害他，感受著痛苦果報。你返陽讓他精進修持《金

剛經》，會遣除此難苦。」她甦醒後立即告訴父親，難忍的果報使李元宗心驚恐怖，同女兒去寺廟供養僧眾，並延請僧眾書寫四十九遍《金剛經》，每日精進念誦此經，超度所殺的眾生。

有一日晚上，李元宗夢見許多天子，對他說：「我們是你以前所殺的七千多隻魚，本來一直尋求報仇，因你念《金剛經》的功德力，我們已獲得天人身體。」翌日醒來，對這種殊勝經典生起極大信心，從此再不做惡夢，一百二十多歲安詳地離開人間。

有些人常做惡夢，夜間臨睡之前最好念一遍《金剛經》，觀想佛塔在心間或在頭上，暫時的違緣藉此也能遣除。如果是前世業主討債，只念一兩遍《金剛經》不一定起作用，也許念一兩千遍後才能還上命債。有時遇到病魔或不順心之事一入睡就做惡夢，或許是以前殺過很多眾生的果報，或許是因修《金剛經》將來世果報今生現前，或許前世殺生罪障今生未報完，尚需繼續成熟，所以大家誠信因果生起信心，現前暫時的違緣會遣除。這個公案對殺生、遣除障礙有關。李元宗殺了七千多條魚通過《金剛經》功德力清淨了罪障。

施經功德

對佛經一知半解的人，來到祥和清淨的學院，很快

《金剛經》感應錄選編

落髮成為出家人，你們應好好聽一聽吃肉的過失。法王如意寶以教證特別強調此問題，如《楞伽經》云：「彼諸修行者，由是悉離遠，十方佛世尊，一切咸呵責。」當時很多四眾弟子立即發願，有些終生食素，有些短期食素，還有部分人不僅自己發願並勸別人食素。然而世人認為，要吃得好就必須吃肉，是理所當然的道理，每逢宴請賓客、賀誕生日、大吉大利祝筵時，眾多無辜的動物成了盤中餐，積累眾多怨業，後世趣入地獄償還可怕的業報。唐朝一富豪平日多行不善，常殺生宴客，由於曾經印施《金剛經》的功德，淨除罪障，免受地獄刑苦，增長壽祿，並且亡父及祖輩皆超升天界。

金剛經釋

　　唐朝武德年間，長安城有一位叫蘇仁欽的富豪，他的父親為富不仁，恃勢欺人殺生無數，毫無行善之心，晚年掉入廁所而死。他與父親行徑完全一樣，經常宴請賓朋，恣意宰殺動物，擺出美味佳餚。被殺害的動物一同到冥府控訴冤情，中陰法王將他的魂魄系於地獄，從此身患重病，常年枕臥床席，每日見到很多眾生向他索命，非常恐懼痛苦，不到30歲就一命嗚呼了。

　　在冥府，中陰法王痛責厲罵：「你因前世行善積福，今生富饒多財，竟然不知珍惜福德，為滿足一時口腹之欲，任意殺害眾生不可計數，所以減絕你的壽祿，判入地獄，爬上刀山、劍樹，償還自己所造的惡報吧！」蘇仁欽一聽，膽戰心驚，突然想起生前曾經施錢

請一卷《金剛經》供養安國寺的神敬和尚，於是跪下苦苦哀求。頃刻間，花雨奇香充滿了閻羅殿從空中緩緩降下一位和尚，足踩千葉蓮花雙手捧著一本經書來到中陰法王前說：「我是神敬，因持誦他送的這卷《金剛經》而獲證菩提果位，請您慈悲放他返陽，改過遷善。」中陰法王恭敬合掌讚歎：「布施般若經的功德不可思議，不僅消除罪業而增壽五十年。」

依靠般若功德力獲得新生的蘇仁欽，真誠地悔過從善，廣設齋供，印施一千卷《金剛經》，一百卷《妙法蓮花經》，修諸功德。有一天晚上，夢見亡父告訴他：「因我生前作惡多端，常為滿足口腹殺生無數，死後墮地獄受無量苦，由於你印施《金剛經》等功德，現已超升，並且德澤被及子孫。」第二日，他按照夢中囑咐圓滿了亡父心願。

曾是臭名遠揚的富豪竟然死而復生，成為樂善好施的人。街頭巷尾議論紛紛稱讚般若功德不可思議，發心持誦《金剛經》的人越來越多了，那些為富不仁的豪門顯貴也以此警惕自己，立誓戒殺放生，行善積德。

《金剛經》感應錄選編

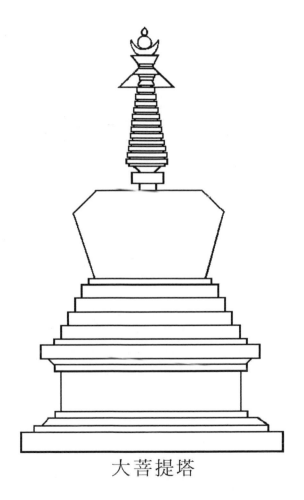

大菩提塔